HISTOIRE DE L'EMPEREUR JOVIEN

Jean-Philippe-René de La Bléterie

Copyright © Jean-Philippe-René de La Bléterie, 2022

Edition : BoD – Books on Demand,

12/14 rond-point des Champs-Élysées, 75008 Paris
Impression : BoD – Books on Demand, Norderstedt, Allemagne
ISBN : 9782322392520
Dépot légal : février 2022

Tous droits réservés

HISTOIRE DE L'EMPEREUR JOVIEN

Par M. l'Abbé DE LA BLETTERIE

Professeur d'Éloquence au Collège Royal, et de l'Académie Royale des Inscriptions et Belles-Lettres.

1776

ON a pu voir dans la vie de Julien, comment ce prince ayant passé le Tigre au dessus de Ctésiphon, par une extravagance que le succès même ne pourrait excuser, brûla sa flotte et ses provisions. Il voulut pénétrer dans le cœur de l'Assyrie ; mais au bout de quelques jours de marche, ne trouvant ni grains ni fourrages, parce que les Perses avaient fait partout le dégât, il fut contraint de se rapprocher du Tigre. Dans l'impossibilité de le repasser faute de bateaux, il prit pour modèle de sa retraite celle des Dix Mille, et résolut de gagner comme eux le pays des Carduques, appelé de son temps la Corduenne, nom qui se retrouve encore dans celui de Curdes et de Curdistan. La Corduenne alors soumise aux romains, est située au nord de l'Assyrie. Ainsi marchant de ce côté-là, Julien avait le Tigre à sa gauche, et remontait vers la source de ce fleuve.

Supérieur en toute rencontre aux lieutenants de Sapor, soit qu'ils l'attendissent de pied ferme, soit qu'ils se contentassent de l'insulter dans sa marche, il avançait toujours, lorsque le 25 de Juin 363, repoussant l'ennemi avec trop d'ardeur, il reçut une blessure, dont il mourut la nuit suivante.

A la mort de Julien, l'armée romaine se trouvait dans une étrange situation ; victorieuse, mais manquant de tout. La Corduenne son unique ressource, était encore éloignée. Pour arriver à cette province, il fallait traverser sans provisions, sous un ciel brûlant, un pays ruiné, essuyer sur cette route les attaques continuelles des perses, toujours à craindre, quoique vaincus, parce qu'ils étaient aussi prompts à se rallier qu'à prendre la fuite, et que d'ailleurs la mort de Julien allait relever les espérances du roi Sapor.

Il paraissait difficile de se passer de chef ; les moments étaient précieux. Ainsi le 27 de Juin, dès la pointe du jour, les officiers s'assemblèrent pour donner un successeur à Julien qui venait d'expirer. Les créatures de ce prince[1], et ceux qui restaient encore de l'ancienne cour[2], n'ayant ni les mêmes intérêts ni les mêmes vues, chacun désirait passionnément un empereur de sa faction : mais comme aucune des deux factions n'avait eu le temps de se concerter avec elle-même, tous les suffrages, sans en excepter un seul, se réunirent en faveur de Salluste, second préfet du prétoire d'Orient. Cet illustre païen, dont nous ne pouvons assez admirer et plaindre la vertu, acheva de justifier ce choix, par la constance avec laquelle il refusa de se charger d'un fardeau trop accablant, disait-il, et pour son âge et pour ses infirmités. Alors un officier subalterne[3] voyant l'embarras où le refus persévérant de Salluste jetait l'assemblée, dit aux généraux : que feriez-

---

1 Nevitta, Dagalaiphe et les officiers gaulois.
2 Arinthée, Victor, etc.
3 C'est ainsi que je rends cette expression : *honorarior aliquis miles*. Je soupçonne qu'Ammien se désigne ainsi lui-même.

vous si le prince, au lieu de marcher en personne, vous avait donné le commandement de l'armée ? Vous ne songeriez qu'à la tirer de ce mauvais pas. Faites comme s'il vivait encore : et quand nous aurons une fois gagné la Mésopotamie, de concert avec l'armée d'observation, nous choisirons un empereur dont l'élection ne puisse être contestée. Ç'eut été peut-être le meilleur parti : mais quelques-uns élevèrent tout d'un coup la voix en faveur de Jovien, et par leurs clameurs tumultueuses entraînèrent tous les autres, sans leur laisser le temps d'opiner.

FLAVIUS-CLAUDIUS-JOVIANUS, âgé d'environ 33 ans, était le premier des gardes de l'empereur[1]. Il avait conduit le corps de Constance à la ville impériale ; et comme, suivant l'usage, assis dans le char funèbre, il reçut en quelque sorte les honneurs que l'on rendit à ce prince, on s'imagina depuis l'événement, que cette sanction honorable, mais passagère et lugubre, avoir été le pronostic et l'image de sa suture grandeur[2]. L'illustration de sa famille ne remontait pas au-delà du comte Varronien son père, né dans le territoire de la ville de Singidon en Mésie, et vraisemblablement soldat de fortune, à qui son mérite avait fait donner le commandement des Joviens : on appelait de la sorte un corps de troupes formé par Dioclétien, qui, comme l'on sait, avait pris le surnom de Jovius. Ce fut peut-être par considération pour la troupe dont il était chef, que Varronien fit porté le nom de Jovien à un de ses enfants. Cet officier comblé de gloire et chargé d'années, jouissait encore dans la retraite de sa haute réputation. Quelques-uns même prétendent qu'elle faisait le principal mérite de son fils. Mais pour les réfuter, il suffit de dire, que Jovien, ayant déclaré qu'il aimait mieux quitter le service, que de renoncer à la religion chrétienne, Julien ne laissa pas de le retenir auprès de sa personne, et de l'emmener lorsqu'il partit pour sa malheureuse expédition. Julien se connaissait en talents. Un confesseur de la foi jugé digne par un monarque apostat et intolérant de conserver une place de confiance, n'était pas assurément un sujet ordinaire. Les païens même rendent justice à sa valeur, et s'ils parlent quelquefois de lui comme d'un prince timide, ce reproche tombe plutôt sur le politique que sur le guerrier.

Pour achever son portrait, sans copier les auteurs chrétiens, qui sembleraient peut-être ici moins croyables, je me tiendrai surtout au témoignage d'Ammien et d'Eutrope, païens l'un et l'autre, qui se trouvent à la guerre de Perse, et dont le premier servait dans les gardes comme Jovien. Aux sentiments d'une âme généreuse et bienfaisante, ce prince joignait des manières affables, un fonds de gaieté, qui le portait à plaisanter avec ceux qui l'approchaient ; assez d'application et d'activité, mais trop peu d'expérience. Il avait une connaissance des hommes qui promettait du discernement dans la distribution des emplois, quelque littérature[3], et beaucoup d'amour pour les gens de lettres ; un extrême

---

[1] Jovien n'était point capitaine des gardes, comme l'ont cru quelques-uns ; mais seulement ce qu'on appelait *domesticorum ordinis primus*. Nous ignorons quel était ce grade. *Domestici* ou *protectores domestici* sont certainement les gardes du corps.
[2] Partout où passaient les empereurs, on leur députait, on les haranguait, on leur présentait les essais des vivres destinés aux troupes, on leur montrait les chevaux, etc. que le public entretenait à l'usage de ceux qui voyageaient par ordre de la cour. Le même cérémonial s'observait à l'égard des empereurs après leur mort. Dans cette occasion, celui qui accompagnait le corps agissait et parlait sans doute au nom du feu empereur. C'était une espèce de souveraineté qui expirait au tombeau du prince. *Pollinctum igitur corpus defuncti conditumque in loculis Iouianus etiam tum protector domesticus cum regia prosequi pompa Constantinopolim usque iussus est ..... eique uehiculo insidenti quod portabat reliquias, ut principibus solet, annonae militaris offerebantur indicia, ut ipsi nominant, proba et animalia publica monstrabantur et ex usu crebrescebant occursus, quae et alia horum similia eidem Iouiano imperium quidem sed et cassum et umbratile ut ministro rerum funebrium portendebant.* Ammien, l. XXI, cap. ultim.
[3] Je crois que c'est le sens de ces paroles d'Ammien : *mediocriter eruditis magisque benevolus*.

attachement à sa religion, mais un grand respect pour les consciences qu'il croyait ne relever que de Dieu. Zélé sans amertume, et modéré sans indifférence, il fit procession d'orthodoxie ; mais il ne persécuta ni les hérétiques, ni même les païens. On dit que ces excellentes qualités étaient accompagnées de quelques défauts. Ammien l'accuse d'avoir aimé le vin et la table₁, et d'autres plaisirs encore plus indignes d'un chrétien. Les hommes ne sont que trop inconséquents, et leur croyance n'influe pas toujours assez sur les mœurs. Au reste, dit le même historien, le respect qu'il devait à sa pourpre aurait pu le corriger. Jovien était d'une taille fort au dessus de la commune, et gros a proportion, en sorte qu'on eut peine à trouvé un habit impérial qui lui convînt. Il avait les épaules voûtées, comme on le voit aussi sur ses médailles, l'air majestueux, mais la démarche pesante. La gaieté de son esprit éclatait sur son visage et dans ses yeux. On le compte parmi les bons princes. Peut-être tiendrait-il place entre les plus grands, s'il fût monté sur le trône dans des conjonctures moins funestes, et s'il eût régné plus longtemps.

L'armée ignorait encore, ce semble, la mort de Julien. Elle commençait à sortir du camp pour se mettre en marche, lorsqu'on vit paraître le nouvel empereur, qui revêtu des marques de sa dignité, parcourait les différents quartiers pour se montrer aux soldats. Le nom de Jovien retentissait de toutes parts : mais la ressemblance de ce nom avec celui de Julien causant de la méprise, quelques-uns criaient, Julien auguste. Bientôt leurs cris, parvenus de proche en proche jusqu'à l'avant-garde déjà fort éloignée du camp, sont répétés avec les plus vifs transports. On s'imagine que la blessure de Julien n'est pas dangereuse, et qu'il sort de sa tente selon la coutume, au milieu des acclamations. Mais à cette joie passagère succèdent incontinent l'affliction et les larmes, dès que la présence de Jovien annonce ce qui venait d'arriver.

Tel est le récit d'un témoin oculaire, païen à la vérité, mais auteur impartial, je veux dire Ammien Marcellin. Son témoignage ne permet pas de prendre à la lettre ce que Théodoret a écrit environ un demi-siècle après lui, de l'unanimité parfaite avec laquelle toute l'armée demanda Jovien pour empereur, tandis que les officiers étaient assemblés pour l'élection. Cependant rien n'oblige de rejeter ce qu'ajoute le même père. On plaça, dit-il, Jovien sur un tribunal dressé à la hâte : on lui donna les noms d'auguste et d'empereur. Alors ce prince dit aux soldats avec sa franchise ordinaire, qu'étant chrétien il ne pouvait commander à ces païens, et qu'il croyait voir la colère du Dieu vivant prête à fondre sur une armée d'idolâtres. Vous commanderez à des chrétiens, s'écrièrent tout d'une voix ceux qui l'entendirent : le règne de la superstition a trop peu dure, pour effacer de nos esprits et de nos cœurs les instructions du grand Constantin et de Constance son fils. L'impiété n'a pas eu le temps de prendre racine dans l'âme de ceux qui l'ont embrassée.

Il est aisé de concilier ce récit avec celui d'Ammien. D'un côté, la perte de Julien à dût pénétrer de douleur et les païens, et même quiconque peu sensible à l'avantage de la religion, s'occupait uniquement du bien de l'état : mais d'un autre côté, plusieurs n'avaient abandonné le christianisme qu'en apparence, et furent charmés de le revoir sur le trône. Non seulement ces faibles chrétiens, mais encore une foule de gens disposés, à changé de croyance comme de prince, parce qu'en effet ils ne croyaient rien, durent tenir le langage que Théodoret a mis dans la bouche des soldats. C'est ainsi qu'en moins de deux ans on vit tant

---

1 Voici les propres termes de l'historien : *Edax tamen et vino venerique indulgens quæ visiæ imperiati verecundiâ forsitan correxisset.*

de milliers d'hommes passer brusquement de la vérité à l'erreur, et de l'erreur à la vérité. Jovien crut leur retour sincère, ne faisant pas réflexion qu'ils avaient trompé Julien. En général, quelle idée devait-on avoir de cette multitude de conversions opérées à la voix, non d'un apôtre, mais d'un empereur ?

Pendant que Jovien recevoir les hommages de l'armée, un enseigne dont il avait sujet de se plaindre, craignit son ressentiment[1], et passa du côté des ennemis. Il trouva Sapor qui venait joindre ses troupes à la tête d'un renfort considérable. Ce transfuge admis à l'audience du grand roi, lui dit que Julien n'était plus, et que les valets de l'armée avaient mis tumultuairement à sa place un fantôme d'empereur, un simple garde du corps, homme sans vigueur, sans courage, sans capacité. A cette nouvelle imprévue, le monarque tressaillit de joie. La valeur de Julien, et la rapidité de ses conquêtes l'avaient tellement alarmé, qu'il ne prenait plus aucun soin de sa chevelure, et mangeait à terre comme dans les plus grandes calamités. Les perses, même après la mort de cet ennemi formidable se représentaient dans leurs peintures hiéroglyphiques, sous l'emblème de la foudre ou d'un lion qui vomissait des flammes : tant il leur avait imprimé de terreur. Sapor qui se voit au comble de ses vœux, dans le temps même qu'il se croyait à deux doigts de sa perte, se promet que les romains ne se tiendront plus devant lui, et détache un gros de cavalerie pour aller à toute bride tomber sur leur arrière-garde, avec les troupes qui avaient combattu le jour précédent.

Sapor ne douait pas que les romains ne fussent en marche : mais l'élection de Jovien avait suspendu leur départ ; et ce prince comptait différer jusqu'au lendemain. Les païens, car enfin tous n'étaient pas convertis, ayant offert des sacrifices d'action de grâces pour son avènement à l'empire, les aruspices trouvèrent dans les entrailles des victimes, que tout était perdu si l'on restait dans le camp, au lieu que l'on remporterait quelque avantage si l'on se mettait en chemin. Comme l'empereur savait ce que peut la superstition sur les courages, il ne balança pas à prendre le dernier parti. Les romains sortaient à peine des retranchements qu'ils se virent attaqués. Leur cavalerie est d'abord mise en désordre par les éléphants qui précèdent celle des perses ; mais les légionnaires soutiennent si vigoureusement le choc des escadrons ennemis, qu'ils les forcent de se retirer. Du côté des barbares, outre quelques éléphants, il demeura sur la place un assez grand nombre de soldats. Cependant les romains payèrent trop cher cet avantage, puisqu'il leur coûta trois de leurs plus braves officiers.

Après leur avoir rendu les derniers devoirs comme le temps et le lieu le permirent, on alla camper auprès d'un château nommé Sumere ; et le lendemain faute de mieux, on se retrancha dans un vallon fermé par des éminences qui ne laissaient qu'une issue. Du haut de ces collines couvertes d'arbres, les perses faisaient pleuvoir dans le camp une grêle de traits, qu'ils accompagnaient d'injures sanglantes, appelant les romains traîtres et meurtriers de leur empereur. Le fondement de ces reproches était les discours frivoles de quelques transfuges et les recherches que le grand roi fit inutilement pour trouver celui qui l'avait délivré de Julien. Sapor ayant offert une récompense proportionnée à l'importance du service, sans que personne se présentât pour la recevoir, il en

---

1 C'était un ennemi de Varronien. En déchirant la réputation du père, il avait mérité la haine du fils. *Jovianorum signifer quos Varronianus vexerat dudum, cum novo dissidens principe etiam tum privato, ut patris ejus obtrectator immoderatus periculum ex inimico metuens jam communia supergresso, disessit ad Persas..... docet Saporem..... extincto quem verebatur, turbine concitato calonum, ad umbram imperii Jovianum adhuc protectorem adscitum, inertem quemdam et mollem.*

conclut que Julien avait été tué par un de ses propres sujets ; comme s'il était impossible, ou qu'un trait lancé au hasard eût atteint ce prince téméraire, ou bien que le cavalier qui le blessa eût lui-même perdu la vie.

Il est vrai que Libanius a déployé toute sa rhétorique pour donner des couleurs à cette accusation. Ce sophiste veut absolument, que le coup fatal qui trancha les jours de Julien soit parti d'une main chrétienne, dirigée et mise en œuvre[1] par le chef des chrétiens : c'est ainsi que Libanius désigne apparemment quelque évêque accrédité, qu'il fait auteur d'une conspiration tramée contre la vie de Julien. Il prétend qu'on se disait à l'oreille tout le détail de cette affreuse tragédie, et qu'il ne tenait qu'à l'autorité publique d'en approfondir et d'en constater les horreurs. Cependant Libanius ne débite que des conjectures faciles à renverser par d'autres conjectures aussi probables que les siennes : et quant au prétendu complot, le silence profond de tous les auteurs de la même religion est une preuve, ou qu'ils n'en ont point entendu parler, ou que du moins ils l'ont regardé comme une fable. Ces écrivains et Zosime lui-même disent en termes exprès, ou supposent visiblement, que Julien fut blessé par un soldat de Sapor. On connaît la malignité de Zosime. Tout le mal qu'il n'a pas dit des chrétiens, et que d'autres en ont dit, à bien l'air d'une calomnie.

Après tout, qu'un rhéteur comme Libanius, païen jusqu'à la folie, ait jugé les chrétiens capables d'attenter à la vie de Julien, on n'en doit pas être surpris. Qu'il soit possible qu'un chrétien ignorant et fanatique ait cru s'immortaliser, et dans ce monde et dans l'autre, en délivrant l'église d'un implacable persécuteur, c'est de quoi l'histoire ne fournirait malheureusement que trop d'exemples. Mais qu'un historien ecclésiastique, que Sozomène[2] soit tenté de canoniser une action si détestable, c'est ce qu'on refuserait peut-être de croire sur ma parole. Il faut l'entendre lui-même. Il n'est pas hors de vraisemblance, dit cet auteur, que parmi ceux qui servaient alors, un homme ait été frappé des éloges dont les grecs, ou pour mieux dire tous les hommes jusqu'à ce jour, ont comblé les meurtriers des tyrans. S'il était vrai, continue Sozomène, que quelqu'un pour le service de Dieu et de la religion se fût armé d'un courage pareil à celui des anciens libérateurs de la patrie, on aurait peine à le condamner. Sozomène, à ce qu'il paraît, avait plus étudié l'antiquité profane, que la morale de l'évangile et l'esprit des vrais chrétiens. Il faut observer que cet historien n'est point un père de l'église, qu'il n'a aucune autorité en matière de doctrine, que son langage est ici contraire à toute la tradition, qu'il écrivait vers le milieu du cinquième siècle ;

---

1 Ἐντολὴν πληρῶν τῷ οφῶν αὐτῶι ἄρχοντι. *Implens acceptum ab eo qui præest illis mandatum*. Peut-être faut-il traduire *præerat* car le discours de Libanius n'a été composé que sous le regne de Théodose. J'ai conservé dans le frarrcois l'équivoque du grec. Il n'est pas possible de savoir quel est l'évêque que Libanius avait en vue. On soupçonne que ce pourrait être ou S. Basile ou S. Gregoire de Nazianze. Pour moi je pensé que du temps de Julien, il n'y avait aucun évêque en Orient qui méritât mieux que S. Athanase le nom de chef des chrétiens. Au reste j'avertis ici le lecteur, que le discours de Libanius ὑπὲρ τῆς Ἰολιανό τεμωρίας, sur la punition que l'on devrait faire des meurtriers de Julien, ne se trouve point dans l'édition de Frédéric Morel (II vol. in fol. Paris, 1606). Fabricius l'a fait imprimer dans sa bibliotheque grecque, avec la traduction latine et les notes d'Olearius, aussi bien que d'autres ouvrages de Libanius, entre lesquels est l'oraison funèbre de Julien, traduite par le même savant sous le titre d'*oratio parentalis*. J'ai cité cette dernière dans la vie de Julien, sous le titre d'oradio X, conformémènt à l'édition de Morel, où le texte est très défectueux et la traduction si pitoyable, que d'ordinaire elle ne présente aucun sens. On assure néanmoins que le pauvre homme s'appliquait tellement à traduire Libanius, qu'il négligeait les devoirs les plus essentiels. J'ai appris de M. (Isaac) Vossius, dit Colomiez, que Frédéric Morel travaillant sur Libanius, quelqu'un lui vint dire que sa femme était fort malade : à quoi il répondit : je n'ai plus que deux ou trois périodes à traduire après cela je l'irai voir. Quelqu'un retournant lui dire qu'elle s'en allait : je n'ai plus que deux mots, dit-il, je serai aussitôt que vous. Enfin comme on lui vint annoncer que sa femme était morte, j'en suis bien marri, répandit-il et froidement : c'était une bonne femme. Voyez la bibliothèque grecque de Fabricius, tom. VII.
2 Sozomène, *Histoire ecclésiastique*, lib. VI, c. 2.

et qu'il est le premier où l'on aperçoive quelques vestiges de ce fanatisme antichrétien. Mais il est temps de reprendre le fil de l'histoire.

Tandis que les ennemis postés sur les hauteurs insultaient l'armée, un détachement de cavalerie força la porte du camp nommée la porte prétorienne ; et peu s'en fallut qu'il ne pénétrât jusqu'à la tente de l'empereur ; mais il fut repoussé avec perte. Les romains allèrent ensuite camper à Carcha ; d'où le surlendemain premier de juillet ils arrivèrent auprès de la ville de Dura, qu'il ne faut pas confondre avec une autre ville du même nom située dans la Mésopotamie. On perdit quatre jours en cet endroit par l'opiniâtreté des barbares. Dès que l'armée était en chemin, ils la harcelaient par des escarmouches continuelles, tantôt en queue, tantôt en flanc. Faisait-elle volte-face pour les recevoir ? Insensiblement ils lâchaient pied, ne songeant qu'à retarder sa marche, et laissant à la famine le soin de combattre pour eux.

La crainte des derniers malheurs rend crédule, et fait goûter les expédients les plus hasardeux. Tout d'un coup le bruit se répand que les frontières de l'empire ne sont pas loin ; et sur cette fausse supposition, le soldat ne veut plus côtoyer le Tigre, et demande à grands cris qu'on lui permette de le passer. En vain l'empereur avec les principaux officiers s'oppose à ce téméraire projet. En vain montrant ce fleuve toujours si rapide, et pour lors grossi par la fonte des neiges d'Arménie, il représente que la plupart ne savent pas nager, que les ennemis sont maîtres des deux rives, et que si l'on gagnait l'autre bord, ce ne serait que pour tomber entre leurs mains. Ces sages remontrances ne sont point écoutées. Les cris redoublent, on y joint les menaces : tout respire la sédition. Il fallut permettre qu'un nombre de gaulois et de germains[1] tentât le passage. Jovien se flatta que s'ils périssaient, le reste serait plus docile, ou que s'ils avaient le bonheur de réussir, on pourrait essayer raisonnablement de faire passer l'armée.

A la faveur de la nuit, cinq cents habiles nageurs traversèrent le Tigre plus promptement qu'on n'eut osé l'espérer, et trouvèrent les perses qui gardaient l'autre bord ensevelis dans un paisible sommeil. Ils en font un grand carnage ; et dès que le jour commence à luire ils lèvent les mains, et jettent leurs habits en l'air pour annoncer cet heureux succès. L'armée qui brûle de les suivre, presse les ingénieurs d'exécuter une sorte de ponts qu'ils ont promis de faire avec des outres attachées ensemble. On y travailla pendant deux jours ; mais on reconnut qu'il n'était pas possible de les établir, à cause de la violence et de la rapidité des eaux. Le soldat ayant consumé les vivres qui lui restaient devenait furieux, et voulait périr les armes à la main, plutôt que de languir dans les horreurs d'une mort lente et cruelle.

Les perses de leur côté ne laissaient pas d'être fort à plaindre. Déjà l'ivresse de Sapor était dissipée : de sa confiance la plus présomptueuse il retombait dans une extrême perplexité ; il voyait son pays désolé, ses villes emportées d'assaut, ses troupes toujours battues dès qu'elles osaient attendre l'ennemi, n'ayant de ressource que dans la fuite, et considérablement diminuées par la perte d'une multitude innombrable d'hommes, et de presque tous les éléphants. Chaque jour quelque nouvel échec lui faisait sentir que la valeur des romains n'était pas ensevelie avec Julien. Animés de l'esprit de ce conquérant, ils paraissaient songer autant et peut-être plus à le venger qu'à lui survivre. La disette même ne pouvait seulement leur arracher la moindre proposition de paix. Sapor était-il

---

[1] Le texte d'Ammien porte *sarmatis* : mais il est apparemment fautif. Bientôt après le même auteur les nomme germains.

assuré d'éviter une bataille ? Et s'il en fallait venir aux mains, que n'avait-il pas à craindre de gens résolus à décider leur sort, ou bien en remportant une victoire complète, ou du moins en rendant leur défaite même funeste aux vainqueurs ? Quand il eut pu se flatter d'anéantir l'armée romaine, il n'ignorait pas que Julien avait laissé dans la Mésopotamie quarante mille hommes sous la conduite de Procope son parent : enfin, les vastes provinces de l'empire pouvaient aisément fournir d'autres légions, qui venant à fondre sur la Perse épuisée et consternée, renverseraient le trône des Artaxerxides déjà chancelant.

Ce fut au milieu de ces tristes réflexions qu'il apprit l'heureuse témérité des gaulois et des germains. Cet exploit d'une poignée de déterminés l'épouvante, et lui fait comprendre de quoi sera capable une armée entière de désespérés. Aussitôt il tourne toutes ses pensées du côté de l'accommodement, et ne songe qu'à traiter avec les romains : il n'hésite pas à faire les premières démarches, allant à l'essentiel, et voulant, à quelque pris que ce suit, entamer une négociation, qui dans les circonstances présentes doit infailliblement se terminer à son avantage. Ainsi coutre leur attente les romains virent arrivé dans leur camp de Suréna (c'était le général de la cavalerie persienne) avec un autre seigneur. Le grand roi notre maître, dirent les députés à Jovien et aux principaux officiers, n'est point ébloui de la prospérité. Il sait l'état où la fortune vous a réduits ; mais il connaît encore mieux l'incertitude des choses humaines. Sapor respecte la vertu malheureuse, même dans ses ennemis. Il vous estime assez pour rechercher votre alliance, et pour vous offrir la paix à des conditions équitables.

Comme les romains n'étaient soutenus que par le désespoir, l'espérance de la paix les affaiblit tout d'un coup, et leur fit, pour ainsi dire, tomber les armes des mains. Jovien en particulier était pressé de jouir de l'empire, et de s'en assurer la possession, en gagnant promptement la capitale. Que savait-il, si dans son absence quelque ambitieux, Procope, par exemple, actuellement à la tête d'une armée, ne s'emparerait point du diadème ? Dans ces temps-là ceux qui prenaient la pourpre, ne daignaient pas seulement chercher des prétextes pour colorer leur entreprise ; et Procope pouvait alléguer les droits du sang, puisqu'il était parent de Julien. On écouta donc avidement les propositions de Sapor. Elles étaient vagues, embarrassées, équivoques, et sujettes à des grandes discussions. A tout évènement, cet habile politique avait dessein de faire traîner la négociation pour affamer de plus en plus les romains.

L'empereur au contraire impatient de finir, députa sans perdre un instant Salluste[1] avec Arinthée, pour tirer de la propre bouche de Sapor quelque chose de précis. Il y eut beaucoup de conférences aussi longues qu'épineuses, par le manège du vieux monarque, qui négociait comme il faisait la guerre. Plus les romains s'avançaient, plus il reculait. Il formait incidents sur incidents, difficultés sur difficultés. Tantôt il demandait du temps : tantôt il ne voulait plus accorder ce qu'il avait promis, et promettait ce qu'il avait refusé. Au reste il parut trouver étrange que la mort de Julien ne fût point vengée : car il croyait toujours que ce prince avait été tué par un romain ; et comme apparemment les députés ne

---

1 Libanius met le général Victor à la place d'Arinthée. Celui-ci passait pour un des plus grands capitaines de son siècle. On en racontait des prodiges de valeur. Il était d'une taille extraordinaire, et néanmoins si bien fait, que S. Basile dit qu'on le regardait comme le modèle d'un homme. Il avait autant de force que de courage. Son air seul lui avait fait gagner des batailles. Il reçut le baptême avant sa mort. Nous avons une lettre de consolation écrite par S. Basile à la veuve d'Arinthée, qui avait été le protecteur des églises et l'ami de S. Basile. Nous avons aussi une lettre du même Saint à ce général, où il le loue de sa générosité, et de sa libéralité dont tout le monde ressentit les effets. Voyez M. de Tillemont sur l'empereur Valens, *Hist. des emper.*, t. V. p. 100.

convinrent pas du fait : si quelqu'un de mes généraux[1], ajouta-t-il, perdait la vie dans un combat, ceux qui se trouvant auprès de sa personne auraient eu la lâcheté de ne pas mourir avec lui, n'échapperaient point à mon juste ressentiment. J'enverrais aussitôt leurs têtes à la famille de cet officier. On reconnaît ici les idées et le langage d'un monarque oriental. Sapor en affectant de s'intéresser à la vengeance de Julien, voulait aussi peut-être témoigner son estime pour ce prince, dans la vue d'insinuer qu'il faisait peu de cas de son successeur, et qu'il ne craignait plus les romains.

Ils devenaient moins redoutables de moments en moments. Une faim dévorante les consumait, tandis que par des chicanes et des longueurs affectées on se jouait de leurs députés. Nous passâmes quatre jours, dit Ammien, dans un état plus cruel que les plus cruels supplices. Durant ce temps-là si l'empereur démêlant les artifices de Sapor, avant que d'envoyer des députés à ce roi, eût toujours gagné pays, il serait arrivé certainement aux places fortes de la Corduenne qui nous appartenait alors, et qui nous aurait fourni des vivres en abondance. Nous n'en n'étions éloignés que de cent milles[2].

Je voudrais qu'Ammien eût développé nettement la possibilité de cette marche. Si je ne me trompe, voici quelle est sa pensée. Sapor avait lui-même besoin de la paix, et ne l'offrait à ses ennemis que parce qu'il craignait d'en venir aux mains avec eux. Jovien devait donc opposer la ruse à la ruse, montrer moins d'empressement pour la paix, donner cependant de bonnes paroles aux envoyés de Sapor, continuer sa route, député vers ce prince, et traiter en marchant toujours. Sapor dans la crainte d'être forcé à une bataille, ou de traverser l'accommodement, n'aurait point attaqué les romains, et se fût trouvé pris à son propre piège. Ammien était homme de guerre : il entendait son métier, et connaissait le pays. Il voyait les choses de près, et les voyait avec réflexion : il suffit de le lire pour s'en convaincre. Le jugement d'un historien tel que lui doit embarrasser les défenseurs de Jovien.

Lorsque Sapor crut avoir dompté les romains par la faim, il leva le masque, et parlant en maître, il déclara premièrement qu'il voulait qu'on lui restituât, car il s'exprimait ainsi, les cinq provinces transtigritaines[3] enlevées autrefois par l'empereur Maximien-Galère au roi Narsée son aïeul, savoir l'Arzanène, la Moxoéne, la Zabdicène, la Réhiméne et la Corduenne. Secondement, qu'on lui cédât outre cela quinze châteaux, la ville de Nisibe, celle de Singare en Mésopotamie, et une autre place importante nommée le Camp des Maures, *Castra Maurorum*. Troisièmement, que l'on s'engageât à ne plus se mêler des affaires d'Arménie, et même à refuser au roi Arsace le secours qu'il pourrait demander contre les perses.

Il eût mille fois mieux valu, dit Ammien, tenter le sort des armes que d'accepter une seule de ces conditions. En effet, sous prétexte d'une restitution qui n'est honnête que lorsqu'elle est volontaire ; céder cinq provinces réunies à l'empire depuis environ soixante-dix ans, c'était payé une rançon d'autant plus humiliante, que l'on y ajoutait la Mésopotamie presque entière, et Nisibe même

---

1 Libanius pouvait tenir cette particularité de Salluste même, avec lequel il était extrêmement lié.
2 D'environ trente lieues. *Quo tempori spatio antequam hi mitterentur, si exabusus princeps paulatim terris hostilibus excessisset, profecto venisset ad præsidia Corduenæ, uberis regionis et nostræ, ex eo loco in quo hæc agebantur centesimo lapide disparatæ.*
3 La plupart de ces provinces étaient en deçà du Tigre par rapport aux romains. En les appelant transtigritaines, ils se conformaient au langage des perses, pour qui elles étaient au-delà de ce fleuve. Quant aux noms particuliers de ces provinces, ils ne sont pas les mêmes dans tous les auteurs.

possédée par les romains depuis les guerres de Mithridate ; Nisibe le boulevard de l'Orient, et l'écueil de la fierté de Sapor.

En se liant les mains à l'égard de l'Arménie, on livrait à la discrétion d'un prince vindicatif, perfide et cruel, Arsace le fidèle allié des romains, auxquels il tenait par les liens les plus honorables et les plus étroits, puisque Constance lui avait fait épouser Olympias, fille du préfet Ablave, fiancée à son frère l'empereur Constant. Sapor était ennemi déclaré des chrétiens : et ce qui devait toucher Jovien personnellement, Arsace par son attachement au christianisme avait mérité comme Jovien lui-même la disgrâce de Julien. Le roi Arsace n'avait pas laissé de servir utilement l'empire. Il venait de ravager les provinces de Perse voisines de l'Arménie. C'était là son crime aux yeux de Sapor, et la raison secrète, mais facile à deviner, pour laquelle il exigeait qu'on lui refusât du secours.

Ces considérations ne pouvaient échapper à Jovien : mais il était obsédé d'une troupe de flatteurs, qui lui représentaient sans cesse Procope comme un ennemi plus dangereux que Sapor. Défiez-vous, lui disaient-ils[1], de cet homme sombre et taciturne[2]. Jamais un léger sourire n'a déridé son front, parce que l'ambition lui dévore le cœur. Tandis qu'il marche les yeux baissés et collés à la terre, il porte ses vues jusqu'au trône. Il avait ordre de venir en Assyrie avec son armée joindre celle de Julien. Qui peut donc l'avoir retenu, sinon le dessein formé de laisser périr Julien, et de profiter de son malheur ? En apprenant sa mort, s'il n'est en même temps accablé par la nouvelle de votre arrivée, il prendra la pourpre, n'en doutez pas, et marchera vers Constantinople. L'honneur d'appartenir à Julien[3], et quarante mille hommes de bonnes troupes, sont en sa faveur des titres spécieux. S'il s'agissait uniquement de vos intérêts personnels, s'il était vrai qu'au risque de vous perdre vous-même, vous pussiez servir la patrie ; on ne vous proposerait pas de traiter à la hâte avec les ennemis de l'empire, afin de vous opposer promptement à l'ennemi de Jovien. On sait, et vous l'avez montré sous votre prédécesseur, qu'il n'est point de sacrifice qui vous coûte dès que le devoir a parlé. Mais songez que votre destinée entraîne celle de l'empire, et de cette religion que vous préférez à tout. Exposerez-vous l'état aux horreurs d'une guerre civile, où l'on verra peut-être un empereur chrétien détrôné par un tyran idolâtre, qui continua d'attaquer le christianisme sur le plan de Julien. Prévenez tant de maux par un traité qu'il faudrait conclure, quand même vous n'auriez point de concurrent. Nous n'avons plus qu'un souffle de vie. C'est un coup du ciel, que Sapor s'aveugle sur ses avantages, jusqu'au point de nous offrir la paix. On loue divers empereurs d'avoir abandonné les provinces, qu'ils désespéraient de pouvoir défendre : est-il moins sage d'en céder quelques-unes pour arracher à la mort, ou du moins à une esclavage pire que la mort même, tant de romains dont la défaite livrerait l'Asie entière aux barbares, et qui sauront par leur valeur dédommager la république de la perte qu'elle va faire pour les sauver. Après tout, si le traité paraît honteux, est-ce donc à vous d'en rougir ? Non : il ne déshonore que Julien. C'est lui qui par son imprudence nous a précipités dans l'abîme dont nous ne pouvons sortir qu'à ce prix. Et quand on

---

[1] Après avoir bien médité sur les circonstances, et m'être rempli de mon sujet, j'ai hasardé cette harangue à l'imitation des historiens de l'antiquité.
[2] C'est d'Ammien que j'emprunte ces particularités. *Corpore non indecoro, mediocris staturæ, subcurvus, humumque intuendo incedens, perque morum tristium latebras illius similis Crassi, quem in vita semel risisse Lucilius affirmat et Tullius.* Ammien, I. XXXI, 9.
[3] Quoique le sang ne donnât point de droit à l'empire, c'était une recommandation bien forte que d'appartenir à un empereur qui s'était fait aimer et estimer des soldats.

devrait vous accuser de faiblesse ; le caractère d'un prince vraiment père de ses sujets, et le comble de l'héroïsme, est de sacrifier au bien public même sa réputation.

Tel était le langage des courtisans. Lorsqu'on est en place, on n'a que trop de penchant à se croire nécessaire. Jovien se laissa persuader, que ni l'état ni la religion ne pouvaient se passer de lui. La crainte que l'on avait de Procope était fondée ; et l'on peut dire que sa révolte la justifia deux ans après, si néanmoins cette crainte même ne causa point sa révolte. D'ailleurs il y a toute apparence que la perte irréparable des quatre jours consumés mal à propos dans l'inaction, avait mis l'armée entièrement hors de combat, et Jovien dans la nécessité indispensable d'accepter la paix. Ainsi le traité fut peut-être moins l'ouvrage de sa timide politique, que de son peu d'habileté.

Quoi qu'il en soit, à la honte du nom romain, ce prince reçut la loi de Sapor, et consentit à tous les articles proposés. Tout ce qu'il obtint, encore eut-il de la peine à l'obtenir, ce fut que les garnisons des places cédées, aussi bien que les habitants de Nisibe et de Singare, se retireraient sur les terres des romains. Arsace fut compris dans le traité, dont il ne manqua pas d'être bientôt après la victime. On jura de part et d'autre une paix, ou pour mieux dire, une trêve de trente ans, et l'on se donna des otages en attendant l'exécution du traité.

Rufin et Théodoret trompés par la vraisemblance, prétendent que Sapor fournit des vivres aux romains. Rien n'était plus naturel ; mais sans doute les perses n'avaient point de magasins, et subsistaient eux-mêmes avec peine dans un pays désolé. Du moins est-il certain que les romains ne gagnèrent à cette paix honteuse, que la permission de s'écarter des bords du Tigre où les chemins étaient rudes et escarpés, pour se rendre au travers des terres à l'endroit où ils étaient résolus de passer le fleuve. Ils marchèrent à grandes journées de ce côté-là toujours tourmentés de la famine, à laquelle se joignit encore la disette d'eau. Plusieurs, ranimant leurs forces mourantes, se dérobaient du gros de l'armée, et tentaient de traverser le Tigre à la nage. La plupart y périssaient ; le reste tombait entre les mains des perses et des sarrasins postés sur l'autre bord. Ces barbares furieux du massacre de leurs camarades que les gaulois et les germains avaient égorgés, assommaient tout ce qui échappait aux eaux, ou s'ils en épargnaient quelques-uns, ce n'était que pour les vendre, et les dépayser de telle sorte, que jamais les romains ne pussent les réclamer.

Lorsque l'empereur et l'armée furent arrivés au lieu du passage, qu'aucun auteur, pas même Ammien, n'a pris soin de nous indiquer, après quelques légers préparatifs la trompette donna le signal.

Il est impossible d'exprimer avec quelle précipitation, chacun ne songeant qu'à soi, se hâtait de devancer les camarades et bravait le danger pour se sauver au plutôt de cette fatale contrée. Les uns sur des mauvaises claies en guise de radeaux traînaient après eux leurs chevaux à la nage ; les autres étaient portés sur des outres : tous s'aidaient de ce que la nécessité toujours féconde en ressources leur faisait imaginer. Douze petits bateaux plats, reste de la flotte de Julien, servirent à passer l'empereur avec les principaux officiers, et firent par son ordre autant de voyages qu'il en fallut pour achever le transport. Ainsi, dit Ammien, par un effet de la bonté divine, nous passâmes tous heureusement, excepté quelques-uns qui eurent le malheur de se noyer.

Incontinent après, l'on eut avis que les perses hors de la vue des romains jetaient un pont, sans doute pour tomber sur les traîneurs et sur le bagage :

mais se voyant découverts, ils n'osèrent exécuter leur perfide dessein. Les perses, comme on le voit, avaient de quoi faire un pont. Que Jovien n'avait-il donc exigé pour première condition qu'ils lui facilitassent le passage ? Sapor gagnait trop au traité pour se rendre difficile sur une condition qu'il pouvait aisément remplir. Je crois remarquer ici une nouvelle preuve de la malhabileté de Jovien.

L'armée romaine continuant sa marche avec une extrême diligence, vint camper à quelques lieues du Tigre, près de la ville d'Atra, située sur une montagne au milieu à un vaste désert, autrefois habitée par les arabes scénites : elle avait passé pour imprenable ; mais elle était abandonnée depuis longtemps. Peut-être que les romains en voyant Atra se consolèrent un peu de leur disgrâce, par le souvenir de celles qu'avaient essuyées sous les remparts de cette place les deux plus grands capitaines qui aient occupé le trône des Césars. Trajan s'était fait un point d'honneur de la prendre ; mais la nature entière s'arma contre lui pour la défense des assiégés : et ce qu'on peut regarder comme un prodige d'une autre espèce, Sévère qui après avoir levé le siège l'attaquait pour la seconde fois, rappela mal à propos ses soldats prêts de forcer la place, et quand il commanda de retourner à l'assaut, ne put jamais se faire obéir. Ce prince aussi bien que Trajan pensa périr devant cette ville avec toute son armée. Artaxerxés, fondateur de la seconde monarchie des perses, ne fut pas plus heureux, et la providence[1] parut se déclarer constamment en faveur d'Atra. Cependant les fréquentes attaques des romains, et le péril où la ville s'était trouvée, surtout dans le dernier siège, purent faire croire aux arabes scénites, que la liberté dont ils furent toujours si jaloux, et qu'ils conservent encore aujourd'hui, courait moins de risque sous leurs tentes, qu'à l'abri des plus sortes murailles. Ils abandonnèrent Atra. Nous ne lisons nulle part qu'elle ait été prise et néanmoins elle était déserte depuis longtemps, lorsque Jovien y passa. En cet endroit les romains apprirent qu'ils avaient à traverser une plaine de trente lieues, où l'on ne trouvait que de l'absinthe et d'autres herbes semblables, avec un peu d'eau infecte et salée. Ils firent donc provision d'eau douce, et tuèrent une partie des chameaux et des autres bêtes de charge, dont la chair malsaine leur prolongea la vie aux dépens de la santé.

Au bout de six jours de marche, on rencontra près du château d'Ur, place dépendante des perses, un convoi de quelques vivres, que Jovien, aussitôt après son élection, avait envoyé chercher en Mésopotamie par le tribun Maurice. Ce faible recours, fruit de l'économie des deux généraux Procope et Sébastien, mit l'empereur en état de respirer, et de prendre des mesures pour se faire reconnaître dans tout l'empire. Il pouvait regarder ce secours même comme un acte d'obéissance de la part de Procope et de son collègue, dont la soumission entraînait nécessairement celle des provinces orientales. Mais qui pouvait lui répondre de l'Occident, tandis que l'Illyrie et les Gaules ne l'auraient point reconnu ? Les troupes de l'Illyrie et celles des Gaules avaient souvent disposé de la pourpre, et causé de grandes révolutions. Il est vrai qu'elles étaient moins formidables depuis Constantin. Ce prince plus en garde contre les guerres civiles que contre les invasions des barbares, avait, par une politique bonne ou mauvaise, affaibli l'autorité des généraux en la partageant. Il avait aussi disposé dans l'intérieur des provinces les légions établies de tout temps sur la frontière,

---

1 En cela, M. Delauny, savant théologien anglais, croit reconnaître les marques d'une protection visible de Dieu sur les descendans d'Ismaël, conformément aux promesses faites à Agar et à Abraham, *Genèse*, 16 et 17. Voyez le livre intitulé : *Revelation examin'dwith candour*, vol. 2, dissert. IV.

où la proximité de leurs quartiers les mettait à portée d'entretenir des correspondances, de former secrètement des complots, et de les exécuter subitement. Toutefois malgré ces précautions, les exemples récents de Vétranion dans l'Illyrie, de Magnence et de Julien dans les Gaules, ne permettaient pas de douter que les légions ne pussent encore y faire des empereurs ; et l'éloignement devait redoubler l'inquiétude de Jovien.

Il dépêcha donc avec les ordres nécessaires pour s'assurer de ces importantes provinces, deux hommes de confiance, Procope secrétaire d'état, qu'il faut distinguer du parent de Julien, et Mémoride tribun. Jovien avait toute sa famille en Illyrie ; si femme, son fils encore au berceau, le comte Varronien son père, et son beau-père le comte Lucillien. L'un et l'autre après avoir quitté le service, goûtaient le repos de la vie privée ; mais les infirmités de la vieillesse rendaient sans doute Varronien incapable d'agir, puisque les ordres de l'empereur s'adressaient au comte Lucillien. Les envoyés apportaient à celui-ci le brevet de généralissime de l'infanterie et de la cavalerie. Ainsi revêtu de deux emplois, qui d'ordinaire étaient séparés, il devait prendre avec lui quelques officiers de mérite, et d'une fidélité reconnue, qu'on lui nommait dans une dépêche secrète, et se rendre incessamment à Milan pour veiller delà sur le reste de l'Occident, et se porter, en cas de troubles, où le besoin des affaires demanderait sa présence. L'empereur ôtait à Jovinus le commandement des troupes dans les Gaules, et le donnait à Malarich, français de nation, attaché depuis longtemps au service des romains. Il se défaisait par là d'un homme dont les talents supérieurs rendaient la fidélité suspecte, et mettait en place un étranger, qui ne pouvant prétendre à l'empire, regarderait toujours la fortune de son bienfaiteur comme le fondement de la sienne propre, et bornerait son ambition à le bien servir. Au reste les envoyés avaient ordre d'annoncer sur leur route la mort de Julien, et l'élection de son successeur, de faire tenir aux gouverneurs des provinces les lettres de Jovien, et de répandre de tous côtés, qu'il avait terminé la guerre par une paix avantageuse. Ils marchaient jour et nuit sans s'arrêter ; mais plus prompte et plus sincère qu'eux, sa renommée les devançait, et publiait la vérité.

On ne peut douter que Jovien n'ait écrit dans le même temps au sénat de la nouvelle Rome, et surtout à celui de l'ancienne, qui conservait toujours quelque sorte de prééminence, les priant au moins pour la forme de confirmer ce que l'armée venait de faire en sa faveur. Ce fut dès lors vraisemblablement qu'il se désigna consul pour l'année suivante avec le comte Varronien son père, qui avait appris en songe, si l'on en croit Ammien, qu'il serait nommé au consulat, mais qui ne savait pas sans doute, que la mort l'empêcherait de prendre possession de cette éminente dignité.

Si les païens de l'armée avaient été vivement touchés de la perte de Julien, elle ne fut pas moins accablante pour les autres qui se trouvaient en si grand nombre dans tout l'empire ; et sans doute ces derniers n'étant point gênés par la présence du nouveau prince, se livrèrent à leur douleur avec plus de liberté. Cette nouvelle, dit Libanius, fut un trait qui me perça le cœur, je jetai les yeux sur une épée, et voulus me délivrer d'une vie qui me serait désormais plus cruelle que la mort. Mais je me rappelai la défense de Platon, et les peines réservées dans les enfers à ceux qui disposent d'eux-mêmes, sans attendre l'ordre de Dieu. Je fis d'ailleurs réflexion que je devrais une oraison funèbre à ce héros.

Libanius s'acquitta de ce devoir, en consacrant à la mémoire de Julien deux discours qui sont venus jusqu'à nous. Le premier, qui paraît avoir été composé sur le champ, n'est qu'une lamentation fort courte, et cependant assez ennuyeuse, où l'on trouve plus d'esprit que de sentiment, et plus de pédanterie que d'esprit. Le second est un éloge historique travaillé à loisir, où l'orateur suit Julien pas à pas, et le montre toujours en beau. Cette pièce, la meilleure peut-être de Libanius, et digne presque à tous égards de la plus saine antiquité, fait pour le fonds des choses un contraste singulier, avec l'éloquent discours[1] de S. Grégoire de Nazianze.

A Carres en Mésopotamie, ville toute dévouée au paganisme, celui qui vint apporter la première nouvelle de la mort de Julien, pensa être assommé à coups de pierres, et le fut même selon Zosime. Tel était le désespoir des païens. Ils voyaient leur règne disparaître comme un songe, les flatteuses espérances qu'ils avaient conçues de la jeunesse et du zèle de Julien s'en aller en fumée, l'hellénisme prêt d'être enseveli dans le tombeau de son restaurateur, et la religion chrétienne revêtue de la pourpre et plus affermie que jamais, dans le temps même où la croyant arrivée à son terme fatal, ils n'attendaient que le retour de Julien pour frapper les derniers coups. Plusieurs l'avaient persécutée sans aucun ménagement, et s'étaient portés aux plus grands excès. Quelle apparence que le prince chrétien le plus modéré laissât impunis des attentats dont Julien même avait été forcé de rougir !

D'un autre côté l'église, dans le ravissement d'une délivrance soudaine, bénissait par ses cantiques le Dieu toujours fidèle à ses promesses, dont le bras venait d'exterminer le nouveau Sennachérib. Mais les chrétiens, il faut l'avouer, ne se bornaient pas aux sentiments légitimes que cette espèce de résurrection faisait naître dans leur cœur. Au lieu d'une joie chrétienne épurée dans ses motifs, humble et modeste dans ses effets, mêlée de compassion pour un ennemi qui périt, et de crainte à la vue de la prospérité ; plusieurs s'abandonnaient aux mouvements tout humains d'une joie fastueuse et outrageante, et semblaient menacer déjà de venger une religion qui n'enseigne qu'à souffrir et à pardonner. Ceux d'Antioche, ennemis personnels de Julien à tant de titres, insultaient tout à la fois à la mémoire du païen, du philosophe et de l'auteur. Dans cette grande ville si voluptueuse et qui se croyait si chrétienne, ce n'était que festins publics, que fêtes sacrées et profanes. On voyait, dans les églises et dans les oratoires des martyrs, les danses et le tumulte des spectacles, et les théâtres retentissaient d'exclamations religieuses.

On y publiait la victoire de la croix : on y apostrophait, quoique absent, le philosophe Maxime, l'oracle et le séducteur de Julien. Insensé Maxime, s'écriait-on, que sont devenues tes prédictions ? Dieu et son Christ ont vaincu.

Mais si l'église triomphait, l'empire était couvert d'ignominie, et venait de recevoir une plaie profonde dont il ne guérit jamais. Aussi les transports que l'intérêt de la religion, principalement lorsqu'il s'y joint de l'animosité, inspire d'abord au peuple, ne furent pas plutôt ralentis, que les réjouissances publiques firent place aux inquiétudes et aux alarmes. Invectiver contre Julien, rejeter les calamités de l'état sur son apostasie et sur sa conduite insensée, produire au grand jour les restes affreux des victimes humaines, qu'on l'accusait d'avoir immolées dans ses abominables mystères, ce pouvait être une sorte de consolation ; mais ce n'était pas une ressource. Jovien seul y gagnait, parce qu'il

---

[1] Quoique dans les éditions de ce père l'ouvrage se trouve partagé en deux, ce n'est pourtant qu'un seul et unique discours, comme le prouve le judicieux écrivain, qui en a donné une traduction françoise imprimée à Lyon en 1735, traduction beaucoup moins connue qu'elle ne mérite de l'être.

avait l'avantage de succéder à un prince haï, et par conséquent responsable dans l'esprit de la multitude au moins des premières fautes de son successeur.

Par la cession des provinces transtigritaines et de Nisibe, la Syrie allait devenir presque frontière, et la ville d'Antioche demeurait exposée aux incursions des barbares avec le reste de l'Orient. Quiconque avait encore l'âme romaine, devait considérer, que pendant l'espace d'environ onze siècles, ni les annales de la république, ni celles de la monarchie, ne fournissaient d'exemple d'un évènement aussi triste, aussi flétrissant à tout prendre, que le traité de Jovien : que si dans les premiers temps quelques généraux avaient souscrit à des conditions déshonorantes, l'autorité suprême qui résidait alors dans le peuple, déclarant nuls ces traités, en avait fait retomber toute l'infamie sur leurs auteurs ; que la majesté de l'empire, depuis qu'elle était concentrée dans un monarque, avait été sans doute profondément humiliée par la captivité de Valérien, qui avait vieilli dans les fers d'un autre Sapor ; mais que cette majesté venait de se dégrader et de s'anéantir elle-même dans la personne de Jovien ; qu'il avait abandonné le principe fondamental de la politique des romains, qui ne cédaient rien à la force, et n'étaient jamais plus fiers ni plus intraitables que lorsqu'ils paraissaient écrasés ; que cette maxime précieuse échappée du naufrage de la république et des mœurs anciennes, avait soutenu jusqu'à ce jour l'empire qu'elle avait formé ; que puisqu'une fois on s'en était départi, on verrait désormais les empereurs céder successivement les provinces, démembrer l'état sous prétexte de le sauver ; enfin qu'il était aisé de prévoir la suite et la ruine fatale de ce vaste corps.

Sans porter si loin leurs vues, les habitants de Nisibe assez occupés de leur propre malheur, tremblaient de se voir à la merci de Sapor, et de Sapor irrité. Ils conservaient néanmoins quelque espoir fondé sur l'importance de leur place, sur leur fidélité passée et sur leurs services récents. Ils ne pouvaient croire que Jovien les voulût livrer aux barbares, et se flattaient que si par respect pour ses serments, il n'osait contrevenir directement au traité, du moins sensible à leurs justes remontrances, il ne leur ôterait pas la liberté de se défendre eux-mêmes contre un ennemi qu'ils avaient déjà repoussé tant de fois.

Cependant l'armée après avoir consommé le peu de provisions qu'elle avait reçu, était retombée dans une disette si étrange, qu'on se voyait à la veille de manger de la chair humaine. Si l'on trouvait par hasard un boisseau de bled, ce qui n'arrivait que rarement, dit Ammien, il se vendait au moins treize pièces d'or. A mesure qu'on tuait les chevaux, il fallait abandonner les armes et le bagage : en sorte qu'il y a peut-être moins d'exagération que de malignité, dans la peinture que fait Libanius de l'état des troupes à leur retour. Nos soldats, dit-il, revinrent sans armes, sans habit. Ils demandaient l'aumône, aussi nus pour la plupart que des gens qui se sauvent d'un naufrage. Si quelqu'un avait encore la moitié de son bouclier, le tiers de sa pique ou bien une de ses bottes qu'il rapportait sur l'épaule, il se regardait comme un héros. Tous se croyaient suffisamment justifiés, quand ils avaient dit que Julien était mort, et qu'on ne devait pas s'étonner de voir où les romains dans l'état déplorable où seraient les perses, si ce conquérant avait vécu.

On croit que l'armée rentra sur les terres de l'empire dans le lieu nommé Tisalphates. Ce fut là du moins que Procope et Sébastien, avec les officiers des troupes de Mésopotamie, vinrent rendre leurs devoirs à l'empereur qui les reçut avec bonté. Jovien se rendit bientôt aux portes de Nisibe, et campa sous les murailles de cette place, sans écouter les prières des habitants, qui le conjuraient avec des instances réitérées de venir loger dans le palais comme ses prédécesseurs. Il craignait de se montrer, et plus encore sans doute de s'enfermer dans une colonie romaine, dont il venait mettre les barbares en possession.

Ce soir là même il fit un acte de despotisme plus convenable au caractère soupçonneux qu'on lui reproche, qu'à la délicatesse de conscience dont il se piquait. A l'entrée de la nuit, au sortir de table, on enleva par ses ordres un officier qui venait de se signaler dans la dernière guerre à la prise de Maogamalque, il fut traîné à l'écart, et jeté dans un puits sec que l'on combla de pierres sur lui. Il se nommait Jovianus comme l'empereur, et avait eu quelques voix pour succéder à Julien. Demeurer sujet après avoir paru digne de régner est une situation si délicate, que la plus grande circonspection suffit à peine pour en parer les dangers. Jovianus ne le comprit pas. L'ambition ou la vanité lui faisait tenir certains discours d'autant plus suspects, qu'il invitait quelquefois des officiers à sa table ; et ce fut là constamment, dit Ammien, ce qui le perdit. La fin tragique de cet infortuné, qui paraît avoir été plus imprudent que coupable, n'est rapportée par aucun des écrivains modernes qui parlent de Jovien : je doute qu'ils eussent omis un trait pareil dans l'histoire de son prédécesseur.

Le lendemain Binesès, seigneur de la cour de Perse, qui suivait Jovien pour servir d'otage, et presser en même temps l'exécution du traité de paix, accompagné sans doute d'une escorte que lui donna l'empereur, entra dans Nisibe, et arbora sur la citadelle l'étendard du grand roi. La vue de ce funeste drapeau, et l'ordre que reçurent les habitants de se retirer ailleurs, les jeta dans la dernière consternation. Ils avaient cru d'abord que Jovien s'était engagé à livrer sa ville avec tous ses habitants. Il semble donc que ce devoir être une espèce d'adoucissement à leur douleur, d'apprendre que leurs personnes ne tomberaient point sous la puissance de Sapor. Mais outre qu'ils n'avaient pu, comme j'ai dit, se persuader tout à fait que cet engagement dût avoir lieu, l'exil auquel ils se voyaient condamnés leur paraissait aussi terrible que la servitude. Peut-être même que plusieurs auraient mieux aimé vivre dans le sein de leur patrie esclaves, c'est-à-dire, sujets des rois de Perse, que de conserver dans l'exil, dans la pauvreté, dans les misères d'un nouvel établissement, une liberté chimérique sous les empereurs romains, princes aussi absolus de fait, que prétendaient avoir droit de l'être ceux qui portaient le sceptre d'Arsace et d'Artaxerxés.

Il est assez ordinaire aux historiens, lorsqu'ils racontent la ruine des villes illustres, de rappeler en peu de mots leur origine, et les principaux événements qui les rendirent célèbres. Qu'il me soit donc permis de dire ici quelque chose de la fameuse Nisibe, puisque les romains la perdirent alors pour jamais, et qu'elle périt même dans un sens par la transmigration totale de ses citoyens. Nisibe, s'il en faut croire les historiens orientaux, est sœur et contemporaine de Babylone, ayant comme elle Nemrod pour fondateur. Selon les uns, il lui donna le nom de *Chalya*, ou selon d'autres celui d'*Achad* ; et c'est, disent ceux-ci, la même ville d'*Achad*, dont la Genèse fait mention parmi celles dont le fils de *Chus* jeta les premiers fondements dans le pays de *Sennaar*. Elle prit dans la suite le nom de Nisibe : et si l'on avait droit d'insister sur une étymologie[1] peu certaine, on pourrait conjecturer qu'elle était déjà, ou qu'elle devint pour lors une place forte. Quelqu'un des rois de Syrie successeurs d'Alexandre, lui donna le nom d'Antioche de Mygdonie, et certainement elle le portait, comme on peut voir dans Polybe,

---

1 Selon Étienne le géographe, נצב signifie en phénicien *des colonnes*, *des monceaux de pierres*. Il signifie en hébreu *cippus, statua*, etc. : mais il se trouve aussi dans la bible pour signifier *statio, milites stationarii*. *I. Sam.*, XIII, 12.

sous le règne d'Antiochus surnommé le grand. Elle était située dans la partie septentrionale de la Mésopotamie, à deux journées du Tigre, assez près du mont Masius, dans une plaine agréable et fertile, arrosée de la rivière de Mygdone qui partageait la ville en deux. Malgré son ancienneté, ce n'est que vers les derniers temps de la république romaine, que Nisibe commence à faire figure dans l'histoire.

Tigrane roi d'Arménie l'ayant enlevée aux parthes, pressé lui-même par Lucullus y renferma ses trésors. Il les croyait en sûreté dans une ville environnée de deux murailles toutes de brique d'une prodigieuse épaisseur, qu'un fossé large et profond mettait à l'abri de la sape et hors de la portée des machines. Aussi méprisa-t-on Lucullus, lorsqu'il osa paraître devant Nisibe au fort de l'hiver. Mais à la faveur de ce mépris et d'une nuit orageuse, il emporta la place par escalade soixante-huit ans avant l'ère chrétienne. Après la défaite de Crassus, elle retourna sous la domination des rois d'Arménie. Occupés de leurs guerres civiles, les romains ne songèrent point à la reprendre, et la politique d'Auguste, qui fixa les limites de l'empire aux bords de l'Euphrate, fut une loi pour ses successeurs jusqu'à Trajan. Ainsi pendant plus de cent cinquante ans, les romains virent sans jalousie Nisibe et son territoire entre les mains des rois d'Arménie leurs vassaux, ou des rois de l'Adiabène vassaux des Parthes. Trajan, le plus belliqueux des empereurs depuis Jules César, s'affranchit de la maxime d'état introduite par Auguste, et porta ses armes victorieuses bien au-delà de l'Euphrate. La prise de Nisibe fut un de ses premiers exploits de ce côté-là ; mais Adrien l'abandonna bientôt, comme les nouvelles provinces que Trajan avait conquises en Orient.

Lucius Verus, frère et collègue de M. Aurèle, la reprit et du temps de Sévère assiégée deux fois, l'une par les peuples de Mésopotamie révoltés contre les romains, l'autre par Vologèse roi des parthes ; elle se défendit avec tant de vigueur et de succès, que Sévère, qui le premier établit solidement les romains dans la Mésopotamie, non content de fortifier Nisibe, et d'en faire la capitale d'une province particulière, l'éleva même à la dignité de colonie, et lui fit prendre le nom de *Septimia*. Du temps d'Alexandre, fils de Mammée, Artaxerxés qui venait de détrôner Artabane, le dernier roi des parthes, et de rendre à la nation des perses le sceptre qu'elle avait perdu depuis environ 555 ans, essaya, mais inutilement de s'emparer de Nisibe.

Sous quelqu'un des empereurs suivants, ou le même Artaxerxés, ou son fils Sapor I s'en rendit maître ; mais en la prenant, il ne fit que procurer au jeune Gordien l'honneur de la reconquérir. Jules-Philippe, le meurtrier et le successeur de Gordien, mérita par quelques bienfaits d'être regardé comme un nouveau fondateur de la colonie, puisque sur une médaille qu'elle fit frapper à l'honneur de Philippe, elle prend le nom de *Julia* avant celui de *Septimia*. La captivité de Valérien, et la mollesse de Gallien son indigne fils, livrèrent à Sapor I la plupart des provinces asiatiques. Il fallut qu'un autre barbare nommé Odenat, chef de quelques sarrasins, plus romain que l'empereur même, se chargeât des intérêts de l'empire, et le sauvât en Orient. Nisibe se rangea la première à l'obéissance de ce prince, dont Gallien couronna les services en lui donnant le titre d'auguste. Elle parut de nouveau séparée de l'empire sous le règne de Zénobie, veuve d'Odenat ; mais elle y fut réunie par Aurélien. Les perses s'en étant emparés après la mort de Carus, la terreur des armes de Dioclétien les força de l'abandonner.

Au reste, c'est dans le quatrième siècle depuis J.-C. qu'il faut chercher l'époque de la gloire de Nisibe, et les traits les plus brillants de son histoire. Du temps de

Constance, Sapor II, comme je l'ai dit, échoua trois fois devant ses remparts. De ces trois sièges, le plus mémorable est celui de l'an 350, décrit par Julien avec autant d'élégance que d'énergie dans ses deux premiers discours, que l'orateur trouve le secret de rendre intéressants jusqu'à certain point, quoique ce soient des panégyriques, et des panégyriques de Constance. Pour donner une idée de ce siège, je dirai que Sapor ayant appris que la révolte de Magnence et les progrès de cet usurpateur appelaient Constance en Occident, voulut profiter de la conjoncture ; qu'il fondit sur la Mésopotamie à la tête d'une armée innombrable, et après avoir emporté quelques châteaux, il investit tout à coup Nisibe. D'abord il l'attaqua dans les règles ; mais ni le bélier, ni la sape, ni la tortue ne produisant aucun effet, il détourna le cours de la rivière de Mygdone, comptant réduire les habitants par la soif. Heureusement les fontaines et les puits les en préservèrent. Alors le grand roi conçut un dessein digne de Darius et de Xerxès. Il construisit une haute et forte digue autour de la place, et arrêta la rivière au dessous. Les eaux refoulées remplirent le bassin qu'on venait de leur préparer, et montèrent presque au haut du rempart, qui ne s'élevait au dessus de leur niveau, qu'autant qu'il fallait pour empêcher la ville d'être submergée. Sapor fit donc équiper sur ce lac une flotte de barques chargées de machines, pour battre et pour nettoyer les murailles, et de combattants pour les assaillir. Ce nouveau genre d'attaque recommença plusieurs jours de suite, avec une perte infinie du côté des barbares, et des prodiges d'intrépidité de la part des romains, jusqu'à ce qu'un endroit faible de la digue venant à se rompre, ensevelit sous les eaux grand nombre des assiégeants. Sapor qui voyait sa réputation compromise, retint la Mygdone au dessus de la ville, et lâcha cette rivière contre les murailles, dont elle abattit cent coudées. Quoiqu'il fît incessamment tirer sur la brèche, les habitants élevèrent avec tant de promptitude un nouveau mur à quelques pas de l'ancien, et le défendirent avec tant de vigueur, qu'ils repoussèrent tous les assauts. Le roi dans l'excès de sa rage tira une flèche contre le ciel, se vengeant comme il pouvait, de la divinité même. Mais elle fit de plus en plus sentir son pouvoir à cet impie par une armée de moucherons, dont les piqûres mirent ses chevaux et les éléphants en une telle furie, qu'ils écrasèrent plusieurs milliers de soldats. Enfin, après avoir perdu plus de vingt mille hommes, il brûla ses machines, et leva le siège qui avait duré près de quatre mois. Le comte Lucillien qui commandait dans la ville, et S. Jacques son évêque partagèrent l'honneur de l'avoir sauvée ; l'un par son courage et ses talents militaires ; l'autre par ses prières ferventes ; qu'il n'interrompait que pour animer son peuple à combattre pour la liberté et pour la religion : car tous professaient le christianisme, et Sapor le persécutait.

Telle était la ville de Nisibe que le gendre de Lucillien livrait au même Sapor. Ceux auxquels il ordonnait d'en sortir et de faire place aux barbares, étaient les mêmes pour la plupart, qui treize ans auparavant l'avaient si bien défendue. Le sénat dans un lugubre silence, et le peuple jetant des cris lamentables, se rendirent au camp de l'empereur, et prosternés à ses pieds, lui dirent tout ce que la douleur et l'amour de la patrie leur suggérèrent de plus touchant. Comme à leurs supplications, à leurs raisons, à leurs sanglots ; il opposait pour toute réponse la sainteté du serment : Seigneur, disaient-ils, si la nécessité vous a contraint de céder vos droits sur Nisibe, ne nous défendez pas du moins de soutenir les nôtres l'épée à la main. Nous ne vous demandons ni munitions, ni troupes, ni argent. A force de vaincre Sapor nous sommes tous devenus soldats. Regardez-nous comme des étrangers : abandonnez nous à nous-mêmes, ou plutôt au ciel protecteur de la justice et de l'innocence. Il continuera de rendre invincibles des romains qui combattront pour leurs autels, pour leurs foyers, pour ces murailles qu'ils ont cimentées de leur propre sang. Après que nous aurons repoussé Sapor, le seul usage que nous voulons faire de notre liberté, c'est de nous redonner à vous.

Jovien répondit qu'il avait expressément juré de remettre la ville, et qu'il était incapable d'éluder un serment par de vaines subtilités. Alors Sabinus, à qui sa naissance et ses richesses donnaient un rang distingué parmi ses concitoyens, lui dit avec autant de vivacité que de hardiesse : Constance toujours en guerre avec les perses fut presque toujours malheureux : il frissonnait au nom de Sapor, et cette frayeur empoisonna tous les moments de sa vie. Cependant Constance accablé de revers, Constance réduit à se sauver presque seul, et à mendier un morceau de pain dans la chaumière d'une pauvre paysanne, conserva toujours Nisibe. Que dis-je ? Il ne céda jamais un pouce de terre à l'ennemi ; et Jovien n'est parvenu à l'empire que pour livrer aussitôt le boulevard de l'Orient. Jovien écouta ces reproches sans être ébranlé, se retranchant toujours dans les raisons tirées du point d'honneur et de la conscience.

C'était, comme j'ai dit ailleurs, la coutume de chaque ville d'offrir une couronne d'or aux nouveaux princes. Dans la situation critique où se trouvaient les habitants de Nisibe, ils eurent un soin particulier de satisfaire à ce devoir. L'empereur qui se rendait justice, sentant bien qu'il ne méritait point de couronne, surtout de leur part, refusa celle qu'ils lui présentèrent. Mais les habitants avec une persévérance à l'épreuve de tous les refus, le conjuraient de la recevoir, croyant sans doute qu'il se laisserait toucher par cette marque d'attachement et de respect, et que s'il acceptait leur hommage il contracterait une sorte d'engagement avec eux. Jovien pour se délivrer de leur importunité, parut l'accepter enfin ; et dans le moment un avocat nommé Silvanus dit à haute voix : grand empereur, puissiez-vous être ainsi couronné par les autres villes. Il fut si piqué de cette parole, qu'il commanda sur l'heure aux habitants d'évacuer la ville dans trois jours, et il envoya des troupes pour les presser, avec ordre de faire main basse sur quiconque y resterait après le terme prescrit.

Ce terrible arrêt répandit la désolation dans Nisibe. Tout y retentit aussitôt de gémissements, de cris, d'imprécations contre le gouvernement, et d'hurlements affreux. C'était un spectacle capable d'attendrir Sapor, s'il en eût été témoin, de voir des femmes de condition contraintes par leur souverain de se bannir elles-mêmes de ces lieux qui les avaient vu naître, où elles avaient coulé d'heureux jours dans le sein de l'opulence, forcées, dis-je, d'abandonner tous leurs biens, et ce qui leur était infiniment plus sensible de s'éloigner pour jamais des tombeaux de leurs époux, de leurs pères, de leurs enfants, dont les cendres demeuraient à la discrétion des barbares. Tantôt elles s'arrachaient les cheveux, et se déchiraient le visage, tantôt elles tenaient embrasées les portes de leurs maisons, les baignant de leurs larmes, et leurs disant les derniers adieux. En un mot, on voyait l'image d'une ville prise d'assaut, et tous les symptômes de douleur et de désespoir que les grandes calamités peuvent produire parmi les orientaux, dont les passions furent toujours plus démonstratives que les nôtres. Mais qui pourrait exprimer le déchirement de cœur que durent sentir ces braves gens qui avaient soutenu trois sièges, et qui se seraient estimés heureux de verser le reste de leur sang pour une patrie qu'ils regardaient non seulement comme le lieu de leur naissance, mais aussi comme le théâtre de leur gloire et le monument de leur valeur ! Chacun saisissait à la hâte et comme s'il l'eût dérobé, ce qu'il pouvait emporter de ses propres effets : car pour comble d'infortune on manquait de bêtes de charge, en sorte qu'il fallait laisser quantité de meubles précieux.

Les chemins furent bientôt couverts de ces pauvres fugitifs, qui gémissant sous leurs fardeaux, et plus accablés encore du poids de leur affliction, allaient chercher le premier asile qu'il plairait à la providence de leur offrir. La plupart se retirèrent sous les murs d'Amide, où Jovien ordonna qu'on bâtît pour eux un quartier enfermé de murailles, qu'on nomma le bourg de Nisibe. Amide fondée par Constance, et presque ruinée par Sapor, s'accrut ainsi des débris de cette ancienne ville, et répara ses pertes avec tant d'avantage, qu'elle devint la capitale de ce que les romains conservèrent en Mésopotamie. Dès que les habitants de Nisibe furent partis, Jovien dépêcha le tribun Constance pour faire sortir ceux de Singare, autre colonie romaine, et remettre les cinq provinces aux officiers de Sapor. Ainsi fut exécuté à la lettre ce traité fameux, qu'on peut regarder comme l'époque de la chute de l'empire, et dont l'exécution attire à Jovien encore plus que le traité même, les reproches non seulement des auteurs païens, mais aussi de quelques chrétiens. Leurs reproches sont-ils fondés ? C'est un problème, dont l'examen trouvera mieux sa place à la suite de cette histoire.

Après avoir rempli ses engagements avec les perses, l'empereur chargea Procope de conduire à Tarse en Cilicie le corps de Julien, conformément aux dernières volontés de ce prince. Dans le convoi, qui dût être au moins quinze jours en marche, on observa les usages des païens, dont le plus bizarre était d'égayer les pompes funèbres des grands et même des empereurs, aux dépens de ceux que l'on prétendait honorer. Ils y mêlaient la plaisanterie et la satyre aux démonstrations de douleur. Ici se faisaient entendre des chants lugubres et des lamentations ; on voyait couler des larmes : là des baladins et des farceurs dansaient et jouaient des scènes bouffonnes, où quelqu'un de la troupe sous un masque qui représentait au naturel celui dont on célébrait les obsèques, imitait son geste et sa voix[1], et lui faisait tenir d'une manière comique le langage le plus propre à le caractériser. Les personnages subalternes accablaient ce principal acteur de railleries et d'injures. Le faux Julien devait être fort risible, puisque la copie outrait toujours le ridicule de l'original. On n'épargna ni les défauts de ce malheureux prince, ni peut-être même les bonnes qualités. On lui reprochait dans les termes les plus sanglants son apostasie, sa témérité, sa défaite, sa mort. Pour imaginer jusqu'où se porta la licence, il faut songer que les comédiens se vengeaient de l'ennemi du théâtre, et qu'ils étaient sûrs de l'applaudissement des chrétiens.

Dès que Procope se fut acquitté de cette commission, effrayé du fort de Jovianus et du faux bruit qui se répandait, que Julien son parent prêt d'expirer avait souhaité de l'avoir pour successeur, il jugea que sa vie n'était point en sûreté. Il se cacha donc, et trouva le secret d'échapper aux perquisitions de Jovien, et depuis à celles de Valens. Environ deux ans après, la mort de Julien, il reparut pour monter sur le trône, d'où il tomba presque au même instant.

De Nisibe, Jovien prit la route d'Antioche et vint à Édesse, qui devait lui être chère par la même raison[2] qui l'avait rendue odieuse à son prédécesseur. Il était

---

1 C'est ce que nous apprend Suétone dans ce passage singulier : *Aux funérailles de Vespasien, le chef des comédiens nommé Favon, qui jouait le rôle de ce prince selon la coutume, ayant demandé à ses intendants combien coûtait la pompe funèbre, et ceux-ci ayant répondu qu'elle coûtait cent mille sesterces, le faux Vespasien leur dit : donnez-m'en cent, et jetez-moi dans le Tibre si vous voulez.*
2 Julien n'avait point voulu passer par Édesse, parce que cette ville était très attachée au christianisme.

dans cette ville le vingt-septième de septembre, suivant la date d'une loi[1], qui dispense les soldats d'aller chercher du fourrage au-delà de vingt milles ou d'une journée du camp. Julien, restaurateur de la discipline militaire, les avait obligés d'en aller chercher à cette distance ; mais peut-être quelques officiers les envoyaient encore plus loin. Jovien intéressé à ménager l'affection des troupes, les délivre ou les préserve de cette fatigue, à laquelle on n'avait pas droit de les obliger ; et l'esprit de sa loi est que l'on s'en tienne précisément à celle de Julien.

L'empereur continuant sa marche à grandes journées, et reçu fort tristement sur son passage, entra dans Antioche au mois d'octobre, et ne put se dispenser d'y demeurer quelque temps, malgré l'impatience qu'il avait d'aller se montrer dans Constantinople, et delà sans doute que sous l'apparence du zèle, l'animosité de quelques chrétiens mal instruits, se portant à d'indignes représailles, ne poussât à bout les païens, chez qui la patience n'était fondée sur aucun principe religieux. Déjà partout[2] on fermait les temples : le sang des victimes ne coulait plus : les prêtres des idoles se cachaient : les philosophes se coupaient la barbe, et quittaient le manteau pour reprendre l'habit commun. Ce n'était point une terreur panique : ils avaient indignement abusé de leur crédit. S. Grégoire de Nazianze à la fin de son discours contre Julien, exhorte au pardon des injures de manière à faire sentir, que dans cette occasion il regardait l'accomplissement du précepte comme un grand effort de vertu. On croirait volontiers que s'il invective avec tant de force contre les païens et contre la mémoire de Julien, c'est un trait de politique chrétienne, et qu'en exerçant, pour ainsi dire, au nom de l'église et comme par autorité publique une vengeance légitime, il veut prévenir et désarmer celle des particuliers.

La guerre allumée entre les chrétiens et les païens n'était pas la seule dont la religion fût ou le prétexte ou la cause. Sans parler de quelques sectes obscures ou peu accréditées[3], tout ce qui portait le nom chrétien se trouvait partagé entre la foi de Nicée et l'hérésie d'Arius. Souvent les controverses les plus vives ne sont que des disputes de mots[4]. Ici, sous d'apparentes disputes de mots et même de sectes, on était réellement divisé sur les dogmes fondamentaux ; et l'on disputait avec d'autant plus d'acharnement, qu'il s'agissait des vérités incompréhensibles. Les ariens, que la faveur de Constance avait mis en possession des églises de Constantinople et des plus grands sièges de l'Orient, subdivisés en ariens purs et en demi-ariens, ne s'accordaient que contre les catholiques. En moins de cinquante ans, ils avaient fait jusqu'à seize différentes formules de foi[5], et l'on doutait qu'ils fussent à la dernière. L'arianisme était une secte cruelle, et qui par là même selon saint Athanase[6], portait sur le front un caractère de réprobation. Aux cruautés elle savait joindre le manège et l'artifice. Trompé par ses formules équivoques[7], sous Constance l'univers entier fut surpris de se trouver arien sans y penser ; mais l'erreur ne s'applaudit pas longtemps de ce triomphe imaginaire. Une réunion fondée sur la duplicité n'avait fait qu'opérer une plus cruelle division.

---

1 Cette loi est datée du consulat de Jovien et de Varronien, et par conséquent la date est fausse du moins à cet égard. On sait qu'il n'y a presque point de fond à faire sur les dates marquées dans le code théodosien, tant elles sont fautives.
2 τὰ ἱερὰ τῶν Ἑλλήνων πάντα ἀπεκλείτο. Supposé que Socrate ne se trompe point, en disant que l'on fermait tous les temples, cela ne peut être arrivé qu'avant la loi dont nous parlerons bientôt.
3 Telles que les valentiniens, les marcionites, les montanistes, les manichéens.
4 Les termes de *consubtantiel, de la même substance*, consacré par le concile de Nicée, et celui de *semblable substance*, que le plus grand nombre des ariens admettait, ne different que par un iota de plus ou de moins.
5 On en peut voir le dénombrement dans l'*Histoire ecclésiastique* de M. Fleury, l. XIV, 23.
6 Athanase, *Hist. arian. ad monachos*, tom. I, p. 382, edit. bened.
7 Au concile de Rimini.

D'un autre côté ceux qui reconnaissaient la divinité du Verbe, n'étaient pas tous d'accord sur le reste. Quelques-uns, par une délicatesse outrée, rejetaient le terme de consubstantiel, comme n'étant point dans l'écriture ; et quoiqu'ils admissent le dogme signifié par ce mot, tout le monde n'avait pas, comme saint Athanase[1], l'équité de compatir à leur faiblesse, et de les compter parmi les orthodoxes.

Un schisme opiniâtre, formé par le mal entendu, et perpétué par l'imprudence, déchirait la ville d'Antioche[2]. On y voyait deux évêques catholiques, outre l'évêque arien. A Constantinople et ailleurs les macédoniens[3], orthodoxes du moins en apparence sur la consubstantialité du Fils, niaient le Saint-Esprit. Les donatistes croyant qu'il n'y avait hors de leur société, ni d'église ni même des sacrements, poussaient en Afrique le fanatisme jusqu'à la fureur. Les novatiens[4], dont l'hérésie était d'ériger en dogme de foi un rigorisme désespérant, vivaient dans une sorte d'intelligence avec les catholiques, qui les distinguaient infiniment des autres sectaires ; et l'on peut dire qu'ils méritaient cette distinction par la pureté de leurs mœurs, et par leur attachement à la doctrine ancienne touchant la divinité de Jésus-Christ. Ils avaient soutenu avec un courage héroïque les persécutions ariennes : mais quelques-uns avaient fait voir[5], que pour la défense de leur foi, ils savaient employer d'autres armes que celles des vrais chrétiens.

Comme l'effet le plus naturel d'une guerre étrangère est de suspendre les dissensions civiles ; malgré les artifices de Julien pour attiser le feu de la discorde, on vit sous son règne entre les communions les plus opposées, une espèce de trêve qui ressemblait à la paix. Excepté les donatistes seuls qui s'étaient portés contre les catholiques à des violences, dont les magistrats avaient cru devoir rendre compte à l'empereur ; excepté, dis-je, ces forcenés, les chrétiens avaient paru oublier leurs divisions domestiques, et s'occuper de concert à faire des vœux pour leur délivrance commune. Mais aussitôt que l'on eut appris l'élection d'un prince chrétien, les disputes assoupies commencèrent à

---

1 Athanase, *de synodis.*, l. II, p. 755.
2 L'an 330, sous le règne de Constantin, les ariens étant venus à bout de déposer S. Eustathe, évêque d'Antioche, et de faire exiler les plus zélés des catholiques, commencèrent à tenir à part leurs assemblées. Comme ils reconnaissaient toujours Eustathe, on leur donna le nom d'Eustathiens. Le siège fut occupé successivement par divers évêques, plus ou moins livrés à la cabale arienne, avec lesquels le grand nombre des catholiques d'Antioche, soit par amour de la paix, soit par faiblesse, ne laissait pas de communiquer. Les choses demeurèrent en cet état pendant le règne de Constance. Mais en 361 (la dernière année de ce prince) Ananius, l'évêque arien, ayant été banni, et d'ailleurs S. Eustathe étant mort dans son exil, on voulut élire un évêque qui pût réunir l'église d'Antioche. Les ariens et les catholiques modérés jetèrent les yeux sur S. Mélece, le plus aimable et le plus pacifique des hommes. Chacun le croyait de son parti ; mais les ariens furent trompés. A peine Mélece fut-il élu, qu'il se déclara pour la foi catholique. Cependant les eustathiens s'opiniâtrèrent à ne le point reconnaître, parce que les ariens avaient eu beaucoup de part à son élection. D'un autre côté, les ariens furieux de s'être mépris, le firent reléguer un mois après, au grand regret des catholiques modérés, qui conservant pour le saint évêque un attachement inviolable, ne voulurent plus s'assembler comme ils avaient fait jusqu'alors dans les églises des ariens, et offrirent de se réunir avec les eustathiens ou catholiques zélés ; mais ceux-ci refusèrent de les admettre à leur communion. Il y eut donc alors dans Antioche trois partis : les ariens, les eustathiens et les méléciens. Après la mort de Constance, l'an 362, Lucifer, de Cagliari en Sardaigne, que ce prince avait exilé en Syrie, homme célèbre par son courage et par ses souffrances pour la bonne cause, mais dont les vues étaient trop courtes, ordonna évêque le prêtre Paulin, que les eustathiens regardaient déjà comme leur chef. Lucifer croyait que les Méléciens plus pacifiques que les autres accepteraient Paulin, qui d'ailleurs était très digne de l'épiscopat ; mais cette démarche imprudente ne fit que consommer le schisme. Ainsi l'on vit dans la même ville trois évêques ; Euzoïus arien, Mélece revenu de son exil et Paulin, tous deux catholiques. Cette division ne finit que longtemps après, sous l'évêque Alexandre, auquel les eustathiens se réunirent en 415.
3 Ainsi nommés de Macédonius, archevêque de Constantinople.
4 Les novatiens ne recevaient point à la pénitence ceux qui étaient tombés depuis le baptême.
5 Sous Constance, les paysans novatiens de Mantinium en Paphlagonie, armés de faux et de haches, taillèrent en pièces quatre compagnies de soldats, que l'on avait envoyées pour les obliger d'embrasser l'arianisme.

se réveiller, et les chefs des différentes communions s'empressèrent à l'envi d'aller trouver l'empereur, dès qu'il fut sur les terres des romains, soit pour l'attirer, soit du moins pour se rendre favorable à leur parti.

Au milieu d'une telle diversité d'opinions, Jovien, comme j'ai déjà dit, avait le bonheur de connaître Ia vérité. Il avait préféré le christianisme à sa fortune, et professait ouvertement la doctrine catholique. Si la pureté de ses mœurs ne répondait peut-être pas à celle de sa foi, on ne peut douter au moins qu'il ne souhaitât ardemment de voir tous les sujets réunis dans le sein de la véritable religion ; mais Jovien était trop éclairé sur la nature de la religion même pour faire violence à personne. Un confesseur de la foi devenu persécuteur eût été une sorte de prodige. Qui devait mieux connaître les droits de la conscience, que celui même qui, avait eu besoin de les réclamer ? Il était convaincu que la foi se persuade[1], et ne se commande pas : que d'employer au progrès de l'évangile le fer et le feu, c'est combattre tout à la fois et l'esprit de l'évangile, et les principes de la raison : que la peur ne fait que des hypocrites : que Dieu rejette des hommages forcés, et que s'il désapprouve l'erreur, il déteste le parjure ; que l'excellence de la fin que l'on se propose ne peut sanctifier des moyens illégitimes ; que d'ailleurs pour réussir, les moyens doivent être assortis à la fin ; et qu'ainsi l'on ne saurait emporter les consciences à main armée, non plus que les remparts avec des raisonnements.

Mais d'ailleurs quand Jovien aurait cru qu'il est permis et possible de convertir les hommes par la terreur des supplices et de la mort, c'eût été trop risquer au commencement d'un nouveau règne que d'irriter les ariens, qui conservaient toujours parmi les communions chrétiennes l'air de supériorité que leur avaient donné la protection et la faveur de Constance. Il eût encore été plus dangereux d'attaquer de front le paganisme, qui sous Julien avait repris vigueur, et même était redevenu la religion de l'état. On doit juger que les païens se voyant à la discrétion d'un prince ennemi zélé de l'idolâtrie, étaient dans de vives alarmes, et que plusieurs témoignaient assez d'inquiétude pour en donner à ce prince encore mal affermi. Ce fut donc à dessein de les rassurer, et de se rassurer soi-même, qu'il se hâta de faire une loi, par laquelle il les maintenait dans Ie libre exercice de leur religion, et permettait de rouvrir les temples dans les lieux, où par voie de fait et sans l'autorité du prince, on pouvait les avoir fermés depuis la mort de Julien.

Vous avez compris, dit Themistius, philosophe païen et sénateur de Constantinople, dans un panégyrique de Jovien qu'il prononça devant lui, vous avez compris qu'il dit des choses auxquelles le rouverain ne peut contraindre. De ce nombre sont les vertus, et surtout la religion. Un prince qui ferait un édit pour enjoindre à ses sujets de l'aimer, ne serait point obéi. Doit-il se flatter de l'être, lorsqu'il leur commandera d'avoir telle ou telle persuasion religieuse ? La crainte opérera sans doute des métamorphoses passagères. Mais prendrons-nous pour des hommes persuadés, ces hommes plus changeants que l'Euripe, convaincus par leurs variations d'être les adorateurs de la pourpre et non de la divinité ; ces ridicules protées qui déshonorent l'espèce humaine, et que l'art voit tantôt dans les temples aux pieds des statues et des autels, tantôt à la table sacrée dans les églises des chrétiens ? Aussi loin d'user de violence, vous avez fait une loi, qui permet à chacun de rendre à la divinité le culte qu'il jugera le meilleur. Image de l'Être suprême, vous imitez sa conduite. Il a mis dans le cœur de l'homme un

---

[1] Il parait par la conduite de Jovien qu'il pensait comme saint Athanase. *Hist. arien. ad monach.*, p. 363.

penchant naturel qui le porte à la religion ; mais il ne force point dans le choix. Ainsi les lois coactives, qui tendaient à priver l'homme d'une liberté que Dieu lui laisse, ont duré tout au plus pendant la vie de leurs auteurs : au lieu que votre loi, ou plutôt celle de Dieu même subsiste dans tous les siècles. Ni les confiscations, ni les exils, ni les supplices ne la peuvent anéantir. On peut emprisonner le corps, le tourmenter, le détruire mais l'âme prend son essor : elle échappe à la violence, portant en elle-même cette loi ineffaçable, cette liberté de penser, qu'il est impossible de lui ravir, quand on forcerait la langue d'articuler quelques mots..... La sagesse de votre édit apaise nos cruelles divisons. Vous le savez mieux que personne, empereur chéri de Dieu : les pertes étaient moins formidables aux romains que les romains même : les incursions de ces barbares moins dangereuses que les accusations suggérées par l'esprit de parti pour perdre des citoyens. Continuez de tenir la balance égale. Souffrez que toutes les bouches adressent des prières au ciel pour la prospérité de votre empire.... Une loi si juste, dit encore Themistius, doit pénétrer de respect et d'amour tous les sujets de notre divin monarque, ceux entre autres à qui non content de rendre la liberté il explique les dogmes de leur religion aussi bien que le pourrait faire le plus habile de leurs docteurs.

Ainsi parlait en présence de Jovien même Themistius, l'un des plus illustres magistrats de son siècle, et député par sa compagnie pour haranguer l'empereur. Son autorité constate suffisamment la loi de Jovien, quoique nous ne l'ayons plus, et que les autres écrivains paraissent l'avoir ignorée. Les panégyristes des princes les louent quelquefois des vertus qu'ils n'ont point, et jamais des lois qu'ils n'ont pas faites. On ne peut nier que dans le discours dont je viens de rapporter un morceau, Themistius n'établisse à l'occasion de cette loi quelques maximes, très philosophiques et même très chrétiennes. Mais comme la vérité se trouve assez rarement dans la bouche des païens sans aucun mélange d'erreur ; aux solides raisons qui condamnent les cruautés et la violence, il joint l'impossibilité prétendue de savoir comment la divinité veut être adorée, et l'honneur imaginaire qui revient à l'Être suprême de la variété des cultes qui partagent l'univers. Ce philosophe confond la tolérance politique avec l'indifférence ; tandis que Jovien à la lumière de l'évangile les distinguait parfaitement.

Le même édit, qui permettait de rouvrir les temples, ordonnait de fermer les abominables sanctuaires des prestiges et du maléfice. Il laissait subsister les sacrifices publics et le culte anciennement autorisé ; mais il défendait les enchantements, la magie, et tout culte fondé visiblement sur l'imposture. Quoique les lois romaines eussent toujours condamné ces pratiques, la folle superstition et la curiosité de Julien les y avaient mises fort à la mode. Les plus sages d'entre les païens devaient louer son successeur, du soin qu'il prenait de proscrire ce qu'ils regardaient comme étranger à leur religion, et capable de la décréditer. C'était sans doute à leurs yeux faire un acte légitime de la puissance pontificale qu'ils attribuaient toujours aux empereurs chrétiens, et dont Constantin s'était utilement servi pour travailler à la destruction de l'idolâtrie.

A proprement parler, la religion païenne n'avait point de dogmes : elle consistait dans un amas de pratiques ; et le souverain pontife avait droit de supprimer celles qu'il jugeait abusives[1]. Constantin ayant donc formé le plan de la décomposer peu à peu, et de la ruiner en détail sans révolter les païens, l'avait

---

[1] Voyez la dissertation de M. le baron de la Bastie, sur le souverain pontificat des empereurs romains (troisième partie), dans les *Mémoires de l'Académie des Inscriptions et Belles-lettres*, t. XV.

resserrée dans des bornes assez étroites, en retranchant tantôt un culte contraire aux bonnes mœurs, tantôt un usage suspect ; ici renversant un temple devenu l'école du libertinage ; là interdisant un oracle, dont les prêtres se jouaient manifestement de la crédulité publique. Il paraît que Jovien ne prétendait tolérer le paganisme que dans l'état où Constantin l'avait réduit. Ce n'était en effet que sur ce pied-là qu'il pouvait être souffert, et les païens modérés ne demandaient rien de plus.

La tolérance politique de Jovien fut effective et sincère. Loin de chercher des prétextes pour inquiéter les païens, il ne profita point des occasions les plus naturelles. Il pouvait sans injustice abandonner à la sévérité des lois plusieurs prêtres des idoles, et les philosophes qui avaient abusé de la confiance de Julien. Néanmoins ce n'est pas à son règne, qu'il faut rapporter ce que dit Libanius[1] des rigueurs que l'on exerça contre eux. Il est vrai qu'après la mort de Julien leur protecteur et leur dupe, quelques philosophes furent sévèrement recherchés au sujet des sommes immenses qui avaient, à ce qu'on disait, tirées de lui : et c'est la seule fois apparemment que le fisc ait poursuivi les gens de lettres. Mais ces recherches ne se firent que sous le règne de Valens. Eunape, aussi païen et aussi plaintif que Libanius, assure que Jovien continua d'honorer les philosophes qui étaient à la suite de son prédécesseur. On peut un moins conclure de cette

---

1 Comme Libanius ne prononça la seconde oraison funèbre de Julien que dix-huit mois après la mort de ce prince, et par conséquent plus de dix mois depuis la mort de Jovien, je ne sais pourquoi M. de Tillemont fait tomber sur le règne de celui-ci les plaintes amères de Libanius. *Aujourd'hui, dit ce rhéteur, Orat. parent.* n. 148 et sqq., *ceux qui haranguent contre les dieux sont traités avec respect, tandis que les prêtres essuient d'injustes recherches, eux qui ne sont coupables que d'avoir servi les dieux. Ce qu'ils ont employé au culte divin, ce que la flamme a consumé sur les autels, on les force de le rendre. Sont-ils hors d'état de payer ? ils languissent dans les fers. Les temples ont été renversés, ou demeurent à demi bâtis pour servir de risée aux chrétiens. On met les philosophes à la torture. Avoir reçu quelque chose de l'empereur, c'est avoir contracté une dette, que dis-je ? c'est avoir commis un larcin. Dans le fort de l'été, en plein midi, un homme est exposé tout nu aux ardeurs du soleil. Outre ce qu'il a reçu, on lui demande ce que tout le monde voit qu'il n'a point reçu. On sait bien que c'est exiger l'impossible ; mais on prend plaisir à le brûler : on veut qu'il expire dans cet horrible tourment. Les professeurs d'éloquence, accoutumés à vivre avec les grands, sont chassés de leur porte comme d'infâmes meurtriers. Ce nombreux essaim de jeunes disciples qui les accompagnait toujours, voyant ses maîtres mal traités, comprend que sa science n'est bonne à rien, et va chercher une meilleure protection. Dans chaque ville les membres du conseil public se font dispenser injustement du service que la patrie a droit d'attendre d'eux ; et personne n'arrête un désordre, si criant. On ne voit partout qu'exactions, que ventes forcées, que confiscations, qu'indigence, que pauvreté, que larmes. Le laboureur aime mieux mendier, que de cultiver la terre. Tel qui donne aujourd'hui l'aumône sera demain réduit à la demander. Les scythes, les Sarmates, les celtes, en un mot tous les barbares, recommencèrent à nous insulter de toutes parts,* etc.
Les traits odieux de ce tableau ne regardaient point Jovien. A la vérité sous son règne, les évêques et autres orateurs chrétiens furent en grande considération, et parlèrent contre le paganisme avec une entière liberté. Il est aussi très possible qu'à la nouvelle de son élection, dans les lieux où les chrétiens étaient les plus forts, la populace ait abattu quelques temples. Ceux que Julien faisait bâtir seront demeurés imparfaits, parce que Jovien n'aura point fourni à la dépense, et que le zèle des idolâtres se sera refroidi. Je comprends encore que Libanius et ses pareils n'auront plus trouvé le même accès auprès des grands : quelque magistrat lui aura fait refuser sa porte : outrage bien sensible à ce sophiste, qui traitait avec Julien d'égal à égal. Mais voilà tout ce qu'on peut raisonnablement attribuer au règne de Jovien. C'était, selon Libanius, au fort de l'été que l'on poursuivait les philosophes. Or Jovien ne rentra sur les terres de l'empire que vers le commencement de l'automne, et mourut avant la fin de l'hiver. D'ailleurs ce philosophe tourmenté d'une manière si cruelle est visiblement le fameux Maxime. Or Priscus et lui furent mis en justice au commencement du règne de Valentinien et de Valens.
Quant à ce que dit Libanius de la vénalité des exemptions et de l'oppression des peuples, aucun auteur ne reproche rien de semblable à Jovien ; au lieu que le beau-père de Valens le patrice Petronius, monstre d'avarice et de cruauté, rendit d'abord très odieux le gouvernement de son gendre, et ruina une infinité de familles en recherchant ce qui était dû au fisc depuis près d'un siècle. *Qui ad nudandos sine discretione cunctos immaniter flagrans, nocendes pariter et infontes post exquisita tormenta quadrupli nexibus vinciebat, debita jam inde a temporibus principis Aureliani perserutans, et impendio mœrens si quemquam absolvisset indemnem..... inexorabilis et crudelis et rabido corde durissimus nec reddendo, nec accipiendœ rationis unquam capax. Hæc lacrymosa..... sub Valente clausere multas paupertinas et nobilis domos*, etc. (Ammien, XXVI. 6.) Enfin les deux frères régnaient déjà, lorsque les barbares n'étant plus retenus par la crainte de Julien reprirent les armes. A peine les peuples avaient-ils eu le temps d'apprendre sa mort, et de faire quelques préparatifs pendant le règne de Jovien.

expression qu'il eut pour eux quelques égards. Themistius lui fait un mérite de protéger la philosophie, dans un temps où presque tout le monde se déclarait contre elle, et de l'avoir rappelée à la cour sous un habit moins disgracié. C'est que la peur en avait d'abord écarté les philosophes : ils se rassurèrent bientôt ; et Jovien leur permit d'y reparaître, mais avec l'habit commun. Cependant il est à présumer qu'ils n'y furent pas vus de fort bon œil, et qu'ils eurent à essuyer de la part des courtisans des mortifications et peut-être des insultes, dont l'empereur ne prit pas la peine de les venger ; et c'est là, si je ne me trompe, l'explication de ce que dit Themistius dans un discours adressé à Valens : que c'est une tache à la gloire de Jovien, d'avoir souffert qu'on leur fit des injustices, quoique pour lui il ne leur en ait fait aucune.

Libanius ne cessait de pleurer Julien, et de le louer dans ses écrits. On voulut lui en faire un crime d'état, et l'on conseillait à Jovien de l'envoyer se consoler avec son héros. Mais il crut indigne d'un empereur de s'embarrasser de ce que pouvait écrire un sophiste. Il comprit aussi qu'en faisant mourir un auteur, loin d'anéantir ses ouvrages, on leur afflue l'immortalité. Puisque Jovien épargnait un Maxime, un Libanius, on peut juger de quelle tranquillité jouissaient les païens, à qui l'on ne pouvait reprocher que leur religion. Il est certain qu'à Constantinople on offrit publiquement des sacrifices pour la solennité du consulat de Jovien.

Si ce prince, en qualité de père commun et de chef du corps politique, se croyait obligé de ne pas contraindre la conscience de ses sujets, il n'oubliait point qu'il devait une éclatante protection à la société religieuse dont il était membre. On voit par ses médailles qu'il remit dans le labarum le monogramme de Jésus-Christ. Non content d'avoir ainsi déclaré que le christianisme était la religion de l'empire, il le déclara formellement par une lettre[1] qu'il écrivit aux gouverneurs des provinces, tous païens sans doute, puisqu'ils avaient été mis ou laissés en place par Julien ; leur enjoignant aussi de faire en sorte que les chrétiens pussent s'assembler dans les églises : c'est, qu'en divers lieux on les avait ou détruites, ou destinées à des usages profanes. Il rappela tous ceux qui avaient été bannis pour cause de religion, rendit au clergé, aux vierges et aux veuves les privilèges accordés par les empereurs chrétiens, et rétablit la distribution de bled que le domaine faisait à chaque église pour la subsistance des veuves et des orphelins. La disette, qui pour lors affligeait l'empire, le força de réduire au tiers cette pieuse libéralité de Constantin : mais il promit de rendre le reste au premier retour de l'abondance.

Il fit aussi une loi que nous avons encore, adressée à Salluste-Second, préfet du prétoire d'Orient, portant peine de mort contre ceux qui oseraient enlever[2], ou

---

[1] Je pense que la lettre dont Sozomène parle est la loi même dont Themistius fait l'éloge. Celui-ci dit assez clairement que cette loi fut la première de celles de Jovien ; et Sozomene assure que Jovien ne différa pas un moment d'écrire aux généraux des provinces. Il est vraisemblable que la loi contenait deux chefs. L'empereur y déclarait premièrement que la religion chrétienne était celle de l'état, etc. Secondement, qu'il ne prétendait ôter à personne la liberté d'en suivre et d'en exercer une autre, etc. Le philosophe païen ne s'arrête qu'au second chef, qui favorisait les chrétiens. Chacun d'eux commente à sa façon l'article qui l'intéresse, et lui donne trop d'étendue. En lisant Themistius, on croirait que Jovien avait mis au même niveau toutes les religions ; et Sozomène, dont je n'ai eu garde de prendre le texte à la rigueur, dit que ce prince déclara le christianisme l'unique religion de ses sujets. M. de Tillemont ne savait comment accorder la loi dont parle Themistius avec ce que dit Sozomène. Je me flatte que ce savant homme aurait approuvé le moyen de conciliation que je propose.
[2] Voici les termes même de la loi, *Imp. Jovianus A. ad fecundum P. P. Si quis, non dicam rapere, sed vel attentare matrimonii jungendi causa sacratas virgines vel invitas ausus fuerit, capitale sententia ferietur. DAT. XI. KAL. MAR. Antiochiœ, Joviano A. et Varroniano Coss.* Au lieu d'*invitas*, il faut peut-être lire *invitare*. Sozomène paraît avoir lu *intueri*, puisqu'il rend le mot latin par ceux-ci : ἀκόλαστος προσβλέποντα, *impudice aspicientem*. Il n'y a pas d'apparence que ce soit le sens. Au reste, la date de cette loi est fausse, comme une infinité d'autres. Jovien ne prit le consulat qu'un mois au plutôt après être sorti d'Antioche ; et d'ailleurs il n'était plus au monde le 19 de février 364, puisqu'il mourut entre le 16 et le 17 de ce mois.

même solliciter au mariage les vierges consacrées à Dieu. Ces mariages scandaleux étaient devenus fréquents sous Julien. Pour y parvenir, les uns avaient employé la violence, et les autres la séduction. Un officier nommé Magnus, le même qui fut sous Valens, et peut-être dès le temps de Julien, trésorier de la maison de l'empereur[1], avait brûlé de son autorité privée l'église de Béryte en Phénicie. L'histoire ecclésiastique représente le comte Magnus comme un homme sans principes[2], esclave de la cour, ardent à se signaler dans toutes les persécutions, et commettant avec la bassesse d'un subalterne des méchancetés de surérogation. Peu s'en fallut que Jovien ne lui fît trancher la tête. De puissants intercesseurs obtinrent sa grâce ; mais il fut condamné à rebâtir l'église de Béryte à ses dépens.

Saint Athanase, objet personnel de la haine et de la persécution de Julien, apprenant la mort de ce prince, avait tout d'un coup reparu au milieu de son peuple, qui fut agréablement surpris. Comme les ordres de Julien n'avaient point encore alors été révoqués, un païen, un arien pouvait attenter à la personne du saint prélat. Que savait-on si le nouvel empereur ne trouverait pas mauvais qu'Athanase se montrât publiquement dans Alexandrie, sans l'attache de cette même autorité qui l'avait banni de toute l'Égypte ? Mais on fut incontinent rassuré par une lettre de Jovien conçue en ces termes : Au très religieux ami de Dieu Athanase, Jovien. Comme nous admirons au-delà de toute expression la sainteté de votre vie, où l'on voit briller des traits de ressemblance avec le Dieu de l'univers, et votre zèle pour Jésus-Christ notre sauveur, nous vous prenons aujourd'hui sous notre protection, évêque très respectable. Vous la méritez, par ce courage qui vous a fait compter pour rien les plus pénibles travaux, et regarder comme un objet de mépris les plus grands dangers, la rage des persécuteurs et les glaives menaçants. Tenant en main le gouvernail de la foi qui vous est si chère, vous ne cessez ni de combattre pour la vérité, ni d'édifier le peuple chrétien, qui trouve en vous le parfait modèle de toutes les vertus : A ces causes, nous vous rappelons présentement, et vous ordonnons de revenir enseigner la doctrine du salut. Revenez donc aux églises saintes : paissez le peuple de Dieu. Que le pasteur à la tête du troupeau fasse des vœux pour notre personne. Car nous sommes persuadés que Dieu répandra sur nous, et sur ceux qui sont chrétiens comme nous, ses faveurs les plus signalées, si vous nous accordez le secours de vos prières.

On voit par l'ordre contenu dans cette lettre, que l'empereur ignorait, ou qu'il voulait ignorer que saint Athanase fût rentré dans l'exercice public de ses fonctions[3]. Quoi qu'il en soit, Jovien lui écrivit encore pour lui demander une instruction sur les dogmes qui faisaient alors le sujet des contestations. Ce n'est pas qu'il ne fût catholique très décidé[4]. La lettre que nous venons de rapporter

---

1 Je crois que c'est ainsi qu'il faut rendre : *Comes largitionum comitatensium*.
2 C'est lui qui du temps de Valens et du gouverneur Palladius, persécutait en sous-ordre les catholiques d'Alexandrie, pour les obliger de recevoir l'évêque Lucius. Ayant fait prendre et amener devant son tribunal dix-neuf tant prêtres que diacres, dont quelques-uns étaient âgés de plus de quatre-vingts ans, il leur disait : *Embrassez, misérables, embrassez l'opinion des ariens. Quand votre religion serait véritable, Dieu vous pardonnera d'avoir cédé la nécessité. Vous ferez plaisir au très clément auguste Valens*. Après les avoir mis en prison, fait fouetter et tourmenter, il les exila dans un pays idolâtre, les fit partir sur le champ, les pressant lui-même l'épée à la main, sans leur donner le temps de prendre les choses nécessaires, sans attendre que la mer devînt calme, sans être touché des cris et des larmes de tout le peuple catholique. *Epistola Petri alexandrini apud Theodoric*, l. IV, 23.
3 Il pouvait l'ignorer ; car S. Grégoire de Nazianze dit, que l'ordre pour le rappel de saint Athanase fut expédié le premier de tous. Greg. N., Or. 2.1.
4 Théodoret, l. IV, c. 2, dit qu'il ordonna que l'on mit en possession des églises ceux qui avaient conservé la foi de Nicée dans sa pureté. Si le fait est vrai, l'ordre ne fut pas exécuté à la rigueur. On trouve cependant que

en serait seule la preuve ; et d'ailleurs consulter ainsi le grand Athanase, l'homme de l'église et le rempart de la foi, c'était se déclarer hautement pour la doctrine de Nicée. Mais sans parler de la dispute qui venait de s'élever touchant la divinité du Saint-Esprit, les ariens par leurs sophismes et par leurs formules captieuses, dont quelques-unes étaient plutôt insuffisantes qu'erronées, avaient répandu sur une controverse simple en elle-même plus de difficultés, qu'il n'en fallait pour embarrasser un homme de guerre tel que Jovien. Se croyant alors obligé par état de travailler au grand œuvre de la réunion des chrétiens, et résolu de n'employer que la persuasion, il avait besoin de quelques raisonnements palpables, mais victorieux et tranchants, pour convaincre les sectaires, sans se livrer à d'épineuses discutions, qui eussent été au dessus de sa portée, et dans un sens au dessous de sa dignité.

Athanase entra pleinement dans ses vues, assembla de savants évêques, et lui répondit au nom de tous ceux du patriarcat d'Alexandrie. Après avoir félicité l'empereur du soin qu'il prend de s'instruire de la vérité[1], le saint docteur prouve qu'il faut s'attacher à la foi de Nicée. C'est la foi des apôtres et des martyrs. On était en possession de cette doctrine, lorsqu'Arius est venu semer ses erreurs. Toutes les églises ont reçu la décision de Nicée, et la reçoivent encore ; le petit nombre d'ariens qui la combat ne peut former un préjugé contre le reste de l'univers[2]. Enfin saint Athanase, voulant prémunir Jovien contre l'hérésie de Macédonius, observe que le même concile de Nicée a suffisamment établi la consubstantialité de l'Esprit saint, en disant qu'il est glorifié avec le Père et le Fils. C'est ainsi que cet habile théologien se proportionne au besoin et à la capacité du prince, et ne laisse pas de lui mettre en main des arguments péremptoires, tirés de la prescription et du consentement des églises sur un dogme formel et déterminé.

L'empereur fut tellement satisfait de la lettre de S. Athanase, qu'il souhaita de l'entretenir et lui manda de se rendre à Antioche. Le saint évêque obéit d'autant plus volontiers, qu'il avait déjà résolu d'aller à la cour ; non par goût (jamais évêque ne fut moins courtisan), mais pour les intérêts de l'église, et par déférence pour les conseils de ses intimes amis. Quelque avantageuse que fut sa réputation, il gagnait toujours à être connu en personne. Jovien le goûta extrêmement, et lui donna sa confiance. Il est honorable pour ce prince de l'avoir si bien placée. Athanase était le plus grand homme de son siècle ; et peut-être qu'à tout prendre, l'église n'en a jamais eu de plus grand. Dieu qui le destinait à combattre la plus terrible des hérésies, armée tout à la fois des subtilités de la

---

Jovien fit donner aux catholiques d'Antioche (de la communian de S. Mélece) une église nouvellement bâtie : ce qui semble au reste prouver, que sous Julien les chrétiens pouvaient bâtir des églises.
1 Nous avons cette lettre dans l'histoire de Théodoret et parmi les ouvrages de S. Athanase. Dans la lettre telle qu'elle est rapportée par Théodoret, il se trouve une demi-phrase où S. Athanase semble promettre à Jovien un règne long et tranquille, comme la récompense du désir qu'il a de s'instruire des vérités célestes. Comme Jovien a régné fort peu de temps, Baronius s'imagine que ces mots sont une addition de quelque arien, qui voulait faire passer S. Athanase pour un faux prophète ; mais dans les auteurs qui ne sont point inspirés, ces sortes d'expressions doivent être regardées comme des souhaits, et non comme des promesses, beaucoup moins comme des prophéties.
2 *Consentiunt omnes ubique terrarum ecclesiæ.... paucis excepti qui ariarum dogma fectantur.... ac licet pauci quidam huic fidei contradicant, scimur eos orbi terrarum præjudicare non posse.* S. Athanase en réduisant les ariens à un si petit nombre, parait être contraire à l'opinion commune ; mais il faut observer, 1°, que les évêques qui avaient souscrit au concile de Rimini, s'étaient relevés de leur chute depuis la mort de Constance ; 2° dans les temps même où l'hérésie avait semblé prévaloir, plusieurs de ceux qui recevaient les formules proposées par les ariens, les recevaient dans un sens catholique ; 3° comme les plus déterminés des ariens ne laissaient pas de dire, que Jésus-Christ est Dieu, les peuples chrétiens qui ne connaissaient que le Dieu souverain, entendaient que Jésus-Christ était un seul et même Dieu avec son Père, et prenaient dans un bon sens les expressions ambiguës dont s'enveloppait l'erreur. Ce qui a fait dire à un père de ce temps-là : *sanctiores funt aures plebis quam corda sacerdotum*.

dialectique et de la puissance des empereurs, avoir mis en lui tous les dons de la nature et de la grâce, qui pouvaient le rendre propre à remplir cette haute destination.

Il avait l'esprit juste, vif et pénétrant ; le cœur généreux et désintéressé ; un courage de sang froid, et pour ainsi dire, un héroïsme uni, toujours égal, sans impétuosité ni saillies ; une foi vive ; une charité sans bornes ; une humilité profonde ; un christianisme mâle, simple et noble comme l'évangile ; une éloquence naturelle, semée de traits perçants, forte de choses, allant droit au but, et d'une précision rare dans les grecs de ce temps-là. L'austérité de sa vie rendait la vertu respectable : sa douceur dans le commerce la faisait aimer. Le calme et la sérénité de son âme se peignaient sur son visage. Quoiqu'il ne fût pas d'une taille avantageuse, son extérieur avait quelque chose de majestueux et de frappant. Il n'ignorait pas les sciences profanes mais il évitait d'en faire parade. Habile dans la lettre des écritures, il en possédait l'esprit. Jamais ni grecs ni romains n'aimèrent autant la patrie qu'Athanase aima l'église, dont les intérêts furent toujours inséparables des siens. Une longue expérience l'avait rompu aux affaires ecclésiastiques. L'adversité qui étend et raffine le génie lorsqu'elle ne l'écrase pas, lui avait donné un coup d'œil admirable pour apercevoir des ressources, même humaines, quand tout paraissait désespéré. Menacé de l'exil lorsqu'il était dans son siège, et de la mort lorsqu'il était en exil, il lutta pendant près de cinquante ans contre une ligue d'hommes subtils en raisonnements, profonds en intrigues, courtisans déliés, maîtres du prince, arbitres de la faveur et de la disgrâce, calomniateurs infatigables, barbares persécuteurs. Il les déconcerta, les confondit, et leur échappa toujours, sans leur donner la consolation de lui voir faire une fausse démarche : il les fit trembler, lors même qu'il fuyait devant eux, et qu'il était enseveli vivant[1] dans le tombeau de son père. Il lisait dans les cœurs et dans l'avenir. Quelques catholiques étaient persuadés que Dieu lui révélait les desseins de ses ennemis : les ariens l'accusaient de magie ; et les païens prétendaient qu'il était versé dans la science des augures, et qu'il entendait le langage des oiseaux[2] : tant il est vrai que sa prudence était une espèce de divination. Personne ne discerna mieux que lui les moments de se produire ou de se cacher ; ceux de la parole ou du silence ; de l'action ou du repos. Il sut fixer l'inconstance du peuple (des alexandrins, c'est tout dire) trouver une nouvelle patrie dans les lieux de son exil ; et le même crédit à l'extrémité des Gaules, dans la ville de Trêves, qu'en Égypte et dans le sein même d'Alexandrie ; entretenir des correspondances ; ménager des protections ; lier entre eux les orthodoxes ; encourager les plus timides ; d'un faible ami ne se faire jamais un ennemi ; excuser les faiblesses avec une charité et une bonté d'âme, qui font sentir que s'il condamnait les voies de rigueur en matière de religion, c'était moins par intérêt que par principes et par caractère. Julien, qui ne persécutait pas les autres évêques, du moins ouvertement, regardait comme un coup d'état de lui ôter la vie, croyant que la destinée du christianisme était attachée à celle d'Athanase. Cette honorable distinction semblait avoir mis le

---

[1] Sous Valens il se cacha dans le sépulcre de son père, et y demeura quatre mois. Chez les anciens, particulièrement en Égypte, les sépulcres étaient des bâtiments en pleine campagne, si considérables, qu'il y avait des logements. M. Fleury, Hist. ecclés., l. XVI, 10.
[2] C'est ce que nous apprenons d'Ammien. *Dicebatur enim fatidicarum sertium fidem, quœve augurales portenderent alites scientissime callens aliquoties prœdixisse futura.* On raconte à ce sujet qu'Athanase passant dans les rues d'Alexandrie la veille d'une fête que les païens devaient célébrer avec grande solennité, on entendit croasser une corneille. *Que dit cet oiseau ?* lui cria la populace païenne. Athanase répondit en souriant : *il dit GRAS, qui signifie DEMAIN dans la langue romaine, et vous annonce que l'empereur des romains vous empêchera de célébrer votre fête.* Le lendemain matin la défense de l'empereur ne manqua pas d'arriver. Sozomène.

comble à la gloire du saint évêque, lorsqu'il se rendit auprès de Jovien. Il avait alors environ soixante-dix ans : mais sa carrière n'était pas encore prête de finir. Après l'avoir déjà fait triompher de trois empereurs[1], Dieu le destinait à remporter d'autres victoires sur Valens.

On ignore le détail des conseils que donna S. Athanase à Jovien : mais on peut assurer qu'il le confirma dans le dessein de ne travailler que chrétiennement à réunir les chrétiens ; et qu'il lui fit comprendre que le préalable nécessaire était d'inspirer à tous les partis des sentiments de douceur ; de leur apprendre à se souffrir, à désirer, à chercher la paix, en attendant qu'il plût à Dieu de la consommer. En même temps il lui découvrit les pièges des sectaires, dont au moins quelques-uns avaient formé des projets de conquête sur un prince qui n'était pas assez instruit des matières théologiques, pour démêler par lui-même ce qui caractérise l'erreur, lorsqu'elle emprunte les traits de la vérité.

Arrianus et Candidus, purs ariens, ordonnés évêques par le fameux Aëtius, parents l'un et l'autre de l'empereur, étaient allé le trouver à Édesse ; et Jovien, si l'on en croit Philostorge, avait témoigné, en leur parlant une forte de neutralité qui pouvait leur donner quelque espérance, quoique sa réponse eut été seulement l'effet de sa modération. Ils l'avaient suivi sans doute à Antioche : et l'on sait d'ailleurs qu'Euzoïus, évêque de cette grande ville et d'autres ariens, pratiquaient déjà les eunuques du palais, n'ayant pas oublié que par cette voie ils avaient gagné l'esprit de Constance, et régné sous son nom. Tous les chefs de parti assiégeaient Jovien, pour obtenir la permission de maltraiter leurs ennemis. On peut juger de leurs prétentions respectives par la requête des macédoniens, qui demandèrent à être mis en possession des églises qu'occupaient les purs ariens. L'empereur se contenta de répondre : Je hais les disputes : j'aime et j'honore ceux qui ont des vues pacifiques, et qui concourent à l'union. Ce mot sorti de la bouche du souverain, et qui partait du fond de son cœur, porta coup, et glaça soudain les disputeurs les plus échauffés. Il se tint un concile dans Antioche, où les ariens du parti d'Acace de Césarée en Palestine communiquèrent avec S. Mélece, l'un des deux évêques catholiques de cette ville, et souscrivirent à la formule de Nicée. On doute de la sincérité de leur signature ; mais s'ils trahirent leur conscience, ce ne fut point la faute de Jovien, qui déclarait hautement qu'il ne voulait gêner personne, et qui le disait de bonne foi. Il ne réussit pas également à finir le schisme des catholiques d'Antioche divisés entre S. Mélece et Paulin. Les haines fraternelles sont toujours les plus opiniâtres.

Quoique Jovien marquât pour S. Athanase une extrême considération, les ariens d'Alexandrie, appuyés sous main par Euzoïus, ne laissèrent pas de faire des tentatives pour l'empêcher de retourner à son église. Après la mort tragique de leur évêque George de Cappadoce, arrivée du temps de Julien, ils avaient jeté les yeux sur un prêtre nommé Lucius, homme d'assez mauvaise mine, et d'un caractère plus mauvais encore, qui ne manqua pas de justisier leur choix par les cruautés qu'il commit dans la persécution de Valens. Les ariens d'Alexandrie pour quelque raison qui n'est point connue, ne l'avaient pas encore fait ordonné. Ils envoyèrent à Jovien des députés, et Lucius à leur tête ; souhaitant de l'avoir pour évêque, ou du moins tel autre que l'empereur voudrait leur donner à l'exclusion d'Athanase. Le peuple catholique d'Alexandrie députa de son côté pour s'opposer aux efforts des ariens. Ces derniers abordèrent plusieurs fois l'empereur. Nous avons la relation originale des différentes audiences qu'il leur

---

[1] C'est-à-dire, de Constantin, trompé par les ariens dans les dernières années de son règne, de Constance et de Julien.

donna ; c'est un monument curieux à plusieurs égards. Surtout on y voit Jovien peint au naturel. Il y montre de la fermeté, du sens, de l'esprit et de l'équité, quelque chose de brusque et de militaire, une humeur gaie, et si je ne me trompe, du goût plutôt que du talent pour la raillerie. Mais j'ai tort de prévenir le lecteur : il en jugera par lui-même[1].

[Les empereurs, qui dans l'origine n'étaient que des généraux d'armée, avaient coutume de s'exercer avec leurs soldats. Il y avait près de chaque ville un lieu pour les exercices, nommé le champ de Mars ou le champ]. Un jour donc que Jovien [accompagné de sa garde] sortait à cheval par la porte romaine pour aller au champ de Mars, Lucius, Bernicius et les autres [députés des] ariens, s'approchèrent de l'empereur en disant : Nous supplions votre puissance, votre majesté, votre piété de nous donner audience. Qui êtes-vous, leur dit Jovien ? Ils répondirent : seigneur, nous sommes chrétiens. D'où et de quelle ville, ajouta l'empereur ? d'Alexandrie, répondirent les députés. L'empereur dit : que souhaitez-vous de moi ? Nous supplions votre majesté, dirent-ils, de nous donner un évêque. J'ai ordonné, répliqua Jovien, qu'Athanase rentrât dans son siège. Seigneur, dirent les ariens, il y a plusieurs années qu'Athanase a été banni sur des accusations dont il ne s'est point purgé. Alors un soldat [catholique de la garde de l'empereur] dans le transport de son zèle, prit la liberté de dire : seigneur, donnez-vous la peine d'examiner par vous-même qui sont ces gens-là, et d'où ils viennent. Ce sont les restes méprisables de la faction de Cappadoce, les suppôts de George, de ce scélérat qui a désolé la ville d'Alexandrie et le monde entier. A ces mots l'empereur piqua son cheval, et passa outre.

Ils se présentèrent une seconde fois, et dirent : nous avons divers chefs d'accusation contre Athanase, et sommes en état de les prouver. Il y a dix ans et même vingt qu'il fut banni par Constantin et par Constance d'éternelle mémoire. Il l'a été nouvellement par le très aimé de Dieu, le très philosophe[2] et le très heureux Julien. L'empereur dit : les accusations de dix, de vingt, de trente ans sont des accusations surannées. Ne me parlez plus d'Athanase. Je sais pourquoi il a été accusé, et comment il a été banni.

[Une réponse si ferme ne rebuta pas les ariens. Ils revinrent une troisième fois à la charge]. Nous avons, dirent-ils, de nouveaux griefs contre Athanase. [Les députés du peuple catholique d'Alexandrie, s'étant mis, ce semble, à parler en même teins qu'eux] Jovien dit : quand tout le monde parle à la fois, il n'est pas possible d'entendre qui a raison. Choisissez deux personnes de part et d'autre : car je ne puis répondre à chacun de vous. Les catholiques prirent la parole. Seigneur, dirent-ils, ces hommes que vous voyez sont les restes du détestable George, le fléau de notre province. Ils n'ont souffert dans les villes aucun sénateur..... Les ariens [voulant couper court à un détail qui les allait couvrir de confusion, et sentant d'ailleurs, que Lucius créature de George ne serait jamais agréé de l'empereur, interrompirent les catholiques en disant] : de grâce, seigneur, qui vous voudrez, hormis Athanase. Je vous l'ai déjà déclaré, dit l'empereur : ce qui concerne Athanase est une affaire réglée ; et d'un ton de colère il dit à sa garde en latin, *feri, feri*, c'est-à-dire, frappe, frappe[3]. [L'ordre sans doute ne fut pas exécuté, puisque les ariens insistèrent], Seigneur, dirent-

---

[1] Je donne cette relation toute entière ; j'ai eu soin de renfermer entre deux crochets tout ce qui n'est point des actes mêmes, et qui néanmoins était nécessaire pour en faciliter l'intelligence.
[2] On a peine à concevoir que des gens qui faisaient profession de christianisme, et qui d'ailleurs parlaient à un empereur chrétien, aient été assez irréligieux, assez étourdis, pour donner à Julien ces épithètes, qui n'étaient point de style. N'y aurait-il pas ici quelque interpolation ?
[3] Jovien parlait grec aux alexandrins. Il est à croire que les empereurs parlaient toujours latin à leur garde.

ils, si vous renvoyez Athanase, notre ville est perdue : et d'ailleurs personne ne s'assemble avec lui. Cependant, dit Jovien, j'ai fait des informations : je me suis assuré qu'il pense bien, qu'il est orthodoxe, et qu'il enseigne une bonne doctrine. Il est vrai, répondirent les ariens, qu'il parle bien ; mais il pense mal. L'empereur dit : je n'ai besoin que du témoignage, que vous lui rendez. S'il pense mal, il en rendra compte à Dieu. Nous autres hommes, nous entendons les paroles : Dieu seul connaît le fond des cœurs. Seigneur, dirent les ariens, ordonnez que nous puissions tenir nos assemblées. Eh ! qui vous en empêche, répondit Jovien ? Mais, seigneur, ajoutèrent-ils, Athanase nous traite hautement d'hérétiques et de dogmatiseurs. Sa place l'y oblige, dit Jovien. C'est le devoir de ceux qui enseignent la vérité. Seigneur, poursuivirent les ariens, il a enlevé les terres des églises[1]. Vous me feriez croire, dit Jovien, que ce sont d'autres intérêts que ceux de la foi qui vous amènent ici. Retirez-vous, et vivez en paix. Allez à l'église : vous avez demain une assemblée. [Ceci se passait un samedi ou la veille de quelque fête]. Après l'assemblée, chacun souscrira sa profession de foi. Vous avez ici des évêques et Némésinus[2]. Athanase y est aussi. Ceux qui ne sont pas instruits de la foi n'ont qu'à s'adresser à lui. Je vous donne demain et après demain : car j'irai au champ de Mars. Un avocat philosophe cynique dit à Jovien : seigneur, à l'occasion de l'évêque Athanase, le trésorier général m'a pris des maisons. Jovien lui répondit : si le trésorier général a pris des maisons, Athanase en est-il responsable ? Un autre avocat nommé Patalas lui dit : j'ai une accusation contre Athanase. Un païen comme toi, dit l'empereur, qu'a-t-il à démêler avec des chrétiens ?

[Pendant ce temps-là Lucius se tenait derrière les autres députés. Le mauvais état où il voyait ses affaires était propre à redoubler l'embarras que pouvait déjà lui causer son extérieur peu avantageux. Il eût voulu se confondre dans] la foule du peuple d'Antioche qui s'était assemblé autour de l'empereur. Mais quelques-uns le prirent, et l'ayant sait avancer malgré lui : voyez, seigneur, dirent-ils, quel sujet ils ont voulu faire évêque. [Il faut se souvenir qu'Athanase avait l'air plein de noblesse et de dignité].

Néanmoins le même Lucius, [comptant peut être sur quelque recommandation secrète] osa reparaître devant l'empereur à la porte du palais, et le pria de l'écouter. Jovien s'arrêta, et lui dit Lucius, c'est à toi que je parle. Comment es-tu venu ici ? Par mer, ou par terre ? Par mer, répondit Lucius. Que le Dieu de l'univers, que le soleil et la lune, dit l'empereur, punissent tes compagnons de voyage de ne t'avoir pas jeté dans la mer ! Que le vaisseau soit éternellement le jouet des flots irrités, et n'arrive jamais au port. [Ce fut ainsi qu'il se délivra de cet homme odieux par une imprécation ironique, où les savants éditeurs de S. Athanase trouvent[3] beaucoup de sel. Je doute que tout le monde y en trouve autant. Je ne sais non plus, si l'on ne sera point étonné de cet assemblage bizarre du soleil et de la lune avec le Dieu de l'univers, dans la bouche d'un prince d'ailleurs si religieux].

L'empereur ayant appris que la cabale arienne manœuvrait sourdement à la cour, et qu'Euzoïus avait engagé Probatius grand chambellan, et les autres eunuques du palais, à lui parler en faveur des ariens d'Alexandrie, fut indigné de voir que les successeurs d'Eusèbe et de Braudion, qui avaient fait trafic des

---

1 C'est peut-être ce que signifie ici le mot Τὰ τεμένη.
2 On ne connaît point ce Némésinus ; ce pouvait être un officier chargé par l'empereur de travailler à la réunion. Sous Constance on trouve *Némesianus*, intendant des finances, *comes largitionum*.
3 Voyez la vie latine de S. Athanase, qui est à la tête de la nouvelle édition ; *et facere quidem*.

volontés de Constance, prétendissent succéder à leur crédit. Il fit appliquer ses eunuques à la question pour découvrir le fonds de l'intrigue ; et dit qu'il traiterait de la sorte le premier [de ses domestiques] qui serait assez hardi pour le solliciter contre les chrétiens. Après avoir ébauché, comme le temps le permettait sous les yeux et sous la direction de saint Athanase l'ouvrage de la réunion, il le laissa retourner en Égypte, et demeura pénétré d'estime pour ses vertus et pour ses talents.

Avec tant de zèle pour la religion chrétienne, Jovien devait, ce semble, réussir à Antioche mieux que n'avait fait son prédécesseur. Mais la ville était remplie d'ariens ou de gens qui s'imaginaient l'être ; et les sectes ariennes se croyaient persécutées, lorsqu'elles ne pouvaient persécuter. D'ailleurs les habitants d'Antioche se maintenaient en possession de mépriser tous leurs souverains, ou du moins de les tourner en ridicule. Quel prince eût pu trouver grâce à leurs yeux ? Ils n'avaient pas épargné M. Aurèle. Quelques empereurs avaient puni ce peuple insolent. La plupart avaient dissimulé ses insultes. Julien venait de se venger avec la plume. Mais Antioche était une ville incorrigible, passait pour telle, et abusait de sa réputation. Jovien ne fut pas ménagé. Le traité de paix et la cession de Nisibe fournissaient aux railleurs mille traits piquants. On s'était moqué de la barbe de Julien, de sa petite taille, de sa témérité. Pour Jovien, on le traitait de nouveau Pâris : il a, disait-on, la bonne mine et la figure du prince troyen. Il a, comme lui, perdu sa nation. Que ne périssait-il à la guerre ! Il faut le renvoyer en Perse recommencer un traité. Son corps a été fait aux dépens de son esprit. La mesure de sa taille est celle de sa sottise. Les murs étaient couverts de placards injurieux, les rues et les places semées de vers d'Homère appliqués ou parodiés de la manière la plus outrageante. Dans l'hippodrome un homme de la lie du peuple fit rire les spectateurs, en débitant à haute voix de plates bouffonneries sur la taille de l'empereur ; et comme apparemment on voulut arrêter ce misérable, le peuple se souleva. La sédition pouvait avoir de terribles suites, si le préfet Salluste-Second ne l'avait apaisée. Il eut pour cela besoin de toute son autorité.

Ces faits, quoique tirés des fragments d'un moine grec[1], historien peu connu, n'ont rien que de vraisemblable et de conforme au caractère des habitants d'Antioche ; mais ce qu'ajoutait le même écrivain ne mérite aucune croyance. Il y avait, disait-il, dans Antioche un petit temple d'une architecture très agréable, élevé par Adrien à l'honneur de Trajan son père adoptif. Julien en avait fait une bibliothèque, dont il confia la garde à l'eunuque Théophile. Jovien à l'instigation de sa femme, le réduisit en cendres avec tous les livres qu'il contenait. Ce qu'il y a de plus étonnant, c'est que l'auteur fait marcher Jovien pour cette expédition à la tête de son sérail, le flambeau à la main, tel qu'autrefois Alexandre avec les courtisanes de la Grèce brûla le palais de Persépolis.

Je n'ai garde de soupçonner le moine grec d'être l'inventeur d'une fable si ridicule, et d'avoir voulu noircir Jovien. Il aura copié sans discernement quelque ennemi de ce prince ; Eunape peut-être, historien très envenimé contre les empereurs chrétiens. Que les mœurs de Jovien ne fussent pas assez réglées, on peut le croire, si l'on veut, sur la parole d'Ammien Marcellin, quoique suivant la réflexion judicieuse d'Ammien même, au sujet d'un autre empereur, la malignité ou la corruption des hommes ait coutume de prêter des faiblesses aux princes

---

1 Jean d'Antioche, dont l'histoire commençait à la création du monde, et finissait au règne de Phocas.

qui n'en ont point₁. Cependant si Jovien eut vécu dans un désordre public et scandaleux, les chrétiens ne l'auraient pas comblé de louanges, dans un temps où personne n'avait plus rien à espérer ni à craindre de lui. Le concert de l'impératrice avec les maîtresses de l'empereur est déjà quelque chose d'assez singulier. Mais par quel caprice la femme de Jovien, Canton à qui Lucillien son père avait sans doute fait donner une éducation romaine, et proportionnée au rang qu'il tenait lui-même dans l'état, eût-elle voulu brûler un temple qui n'était plus un temple, mais une bibliothèque ? Anéantir les monuments de la littérature profane, c'est un goût musulman, qui n'a jamais régné parmi les chrétiens, surtout au quatrième siècle, où les hommes les plus célèbres dans l'église étaient en même temps les plus versés dans les sciences des grecs. D'ailleurs on verra bientôt que la femme de Jovien n'était point alors avec lui. Enfin le silence d'Ammien et de Zosime achève de détruire la calomnie, et rend même suspect jusqu'à certain point, ce que je viens de raconter du déchaînement d'Antioche contre Jovien.

Ni l'un ni l'autre ne dirent pas un mot de ce qui se passa durant son séjour en cette ville. Ammien se contente de rapporter divers événements naturels, que la superstition païenne regarda comme de funestes présages. La statue de Maximien placée dans le vestibule du palais, perdit tout à coup le globe (symbole de l'empire) qu'elle tenait à la main. Un bruit effrayant se fit entendre dans la salle du conseil. On vit des comètes pendant le jour₂. L'empereur trop instruit pour s'alarmer de ces prétendus signes du courroux céleste, mais agité de mille inquiétudes au sujet des provinces d'Occident ; dont il ne recevait point de nouvelles, partit avec son armée au mois de décembre. Les marches forcées et la rigueur de la saison, firent périr quantité d'hommes et de chevaux.

A Tarse, il rendit les derniers devoirs à Julien, selon Socrate, et lui fit des funérailles solennelles. Ammien dit seulement qu'il ordonna de décorer son tombeau. Cet ordre s'exécuta sous Valentinien et Valens avec beaucoup d'attention de leur part, et même avec assez de magnificence. Pour en donner quelque idée, il suffit de dire que Libanius fut content. Ainsi deux empereurs chrétiens que Julien avait inquiétés à cause de leur religion, concoururent à lui accorder cette frivole récompense de ses frivoles vertus, ou plutôt cette prérogative attachée au rang où Dieu l'avoir placé dans le monde. L'humanité, la bienséance, la politique et la religion même autorisaient leur conduite ; et Jovien ne prévoyait pas qu'au bout de douze siècles on lui ferait un crime d'avoir enseveli les morts₃, et témoigné quelques égards pour les qualités d'homme, d'empereur, et de neveu du grand Constantin.

Quoique nous n'ayons point de monuments incontestables de l'apothéose de Julien, il est hors de doute que le sénat de Rome, dont les membres étaient encore presque tous idolâtres, lui rendit un honneur dévolu de droit aux empereurs, à moins que l'on ne fit le procès à leur mémoire. On déifiait même les princes chrétiens. Il n'y avait point de milieu : il fallait être mis au rang des dieux, ou bien au nombre des tyrans. Plusieurs villes où le paganisme dominait

---

1 On s'imagine qu'ils veulent tout ce qu'ils peuvent faire impunément. *Quod crimen etiamsi non invenit malignitas, fingit in summarum licentia potestatum.*
2 Ammien qui étale fort volontiers son érudition, rapporte ici les divers sentiments des philosophes anciens sur les comètes, et finit par l'opinion de Pythagore, qui semble avoir aujourd'hui pris le dessus : que ce sont des étoiles semblables aux autres ; mais dont nous ignorons le cours. *Stellas esse quasdam cœteris similes, quarum ortus obitusque, quibus sint temporibus præfituti humanis mentibus ignorari.*
3 Baronius dans ses annales regarde la mort prématurée de Jovien, comme la punition d'avoir commandé que l'on ornât le tombeau d'un misérable qui méritait d'être jeté à la voirie : *hominis alioqui ne, cæspititia quidem sepultura digni.*

associèrent Julien à leurs divinités tutélaires. Quelques-uns de ces crédules adorateurs s'imaginaient ressentir des effets de sa puissance ; tandis que l'on disait parmi les chrétiens que les cendres de cet impie s'agitaient dans le tombeau. Le bruit même se répandit que la terre par une violente secousse les avait vomies de son sein. Cependant elles y étaient encore, lorsque écrivant sous le règne de Théodose, Ammien jugeait la ville de Tarse peu digne d'un tel trésor. Cet historien homme de guerre eût voulu voir Julien sur les bords du Tibre parmi les premiers Césars[1] ; et Libanius uniquement homme de lettres, l'eût mieux aimé dans l'Académie à côté de Platon. Julien, soit au champ de Mars, soit au Lycée, aurait été à sa place. Au contraire il serait singulièrement déplacé, si, comme le prétendent les nouveaux grecs, il a été dans la suite porté de Tarse à Constantinople, et mis dans l'église des saints apôtres avec les princes chrétiens. Qui pourrait avoir fait à cette auguste basilique un si étrange présent ? J'espère que l'on me pardonnera cette espèce de digression. Ce qui regarde Julien n'est point étranger à l'histoire que j'écris.

Jovien continuant de marcher à grandes journées passa par Tyane, en Cappadoce, où Procope le secrétaire d'état et le tribun Mémoride, qu'il avait dépêchés en Occident, lui rapportèrent les nouvelles suivantes. Lucillien son beau-père en arrivant à Milan avoir appris, que Malarich, ce français de confiance nommé par le nouvel empereur pour commander les troupes dans les Gaules à la place de Jovinus, refusait d'accepter cet emploi. Là-dessus, le comte avait passé promptement les Alpes, et s'était rendu à Reims avec Valentinien et le tribun Séniauchus. Il avait trouvé les Gaules tranquilles et soumises à Jovien. Mais sans considérer que l'autorité de son gendre n'était pas suffisamment affermie, il entreprit de faire rendre compte à quelques officiers avec une rigueur prématurée. Un comptable, craignant d'être puni de ses malversations, alla chercher un asile parmi des troupes de la nation des bataves[2], qui avaient apparemment leurs quartiers dans le voit nage de Reims. Pour les engager à les prendre fous leur sauvegarde, il leur assura que Jovien n'était qu'un usurpateur qui venait de se révolter contre Julien : que celui-ci était plein de vie, et le ferait sentir à ce rebelle, s'il ne l'avait déjà fait : que le service le plus essentiel que des sujets pussent rendre à leur souverain légitime, c'était d'exterminer les émissaires du tyran, qui venaient surprendre sa fidélité des peuples, et les engager dans leur révolte. Ce roman, tout mal imaginé qu'il était, trouva créance parmi des gens simples, et d'ailleurs affectionnés à Julien. Ils coururent aux armes, et massacrèrent Lucillien et le tribun Séniauchus. Valentinien qui devait régner quelques mois après, fut redevable de la vie au soin que prit son hôte de le cacher. Les bataves ayant bientôt reconnu l'imposture, rentrèrent dans le devoir. Comme au refus de Malarich Jovinus avait gardé le commandement des troupes, il députa les principaux officiers à Jovien pour l'assurer de la soumission de l'armée et de la sienne. Procope et Mémoride que Valentinien accompagnait annoncèrent l'arrivée prochaine de ces députés.

L'empereur, pour récompenser le zèle de Valentinien, lui donna la seconde compagnie des écuyers de sa garde, et fit sur le champ partir Arinthée avec une

---

[1] Le passage mérite d'être copié. *Cujus suprema et cineres..... non Cydnus videre deberet, quamuis gratissimus amnis et liquidus, sed ad perpetuandam gloriam recte factorum præterlambere Tiberis intersecans urbem æternam divorumque veterum monumenta præstringens.* Ammien, XXV, 10.
[2] Ammien dit seulement, *ad militaria signa confugit,* sans faire mention des bataves. Zosime les nomme ; mais il défigure extrêmement toute cette histoire, et met la scène à Sirmium. Au reste, on voit par la notice de l'empire, qu'il y avait des bataves à Condren dans la seconde Belgique, dont Reims était la capitale. *Præfectus Lœtorum Batavorum Contraginensium, Noviomago Belgicæ secundæ.*

lettre pour Jovinus, par laquelle il confirmait ce général dans son emploi, lui enjoignant de punir l'auteur de l'imposture, et d'envoyer à la cour, chargés de fers, les principaux chefs de la sédition. Ce fut à la petite ville d'Aspune en Galatie, que les députés de l'armée des Gaules rencontrèrent Jovien, qui les ayant écoutés dans une audience publique avec une extrême satisfaction, leur fit des présents, et leur ordonna de retourner incessamment aux fonctions de leur emploi.

Il entra dans Ancyre à la fin du mois de décembre ; et le premier jour de janvier 364, il y célébra la solennité de son consulat. A la place de Varronien son père, qui mourut consul désigné, il avait choisi pour collègue le jeune Varronien son fils. On l'avait amené d'Illyrie à Ancyre, où l'empereur lui conféra d'abord le titre de *noblissime* ; titre inventé pour les frères de Constantin, et depuis attribué aux fils des empereurs. Ils ne le quittaient que pour prendre celui de césar. Les autres princes avaient souvent élevé leurs fils au consulat avant le temps marqué par les lois ; mais on n'avait point encore vu de consul au berceau. Jovien crut devoir à la mémoire de son père de lui substituer un enfant qui portait le nom de cet illustre vieillard. Après tout cette dignité, que l'on appelait toujours le faîte des grandeurs humaines, n'avait plus de fonctions. Elle servait uniquement à caractériser les années, et à perpétuer l'image de l'ancien gouvernement. Le jour de la cérémonie, quand on voulut faire entrer le jeune prince dans la chaise curule selon l'usage, il témoigna par des cris opiniâtres une répugnance qui parut de mauvais augure, et que l'on regarda bientôt après comme une espèce de pressentiment.

D'Ancyre Jovien le rendit à Dadastane, petite ville ou bourgade sur les frontières de la Galatie et de la Bithynie, mais qui appartenait à la première de ces deux provinces[1]. Là, si nous en croyons Socrate, il reçut les députés du sénat de Constantinople, qui venaient se complimenter sur son consulat. Themistius chef de la députation, y prononça, selon le même historien, le panégyrique de l'empereur, où néanmoins on remarque tous les caractères d'un discours prononcé le jour même que Jovien prit possession de la dignité consulaire. Au reste la pièce est écrite avec beaucoup d'élégance et de noblesse ; mais un peu trop chargée d'allusions savantes, comme tout ce qui sort de la plume de Themistius. On y voit quelques traits de flatterie touchant l'élection de Jovien, et sur la paix faite avec Sapor. L'auteur relève à plus juste titre la protection dont le prince honore les gens de lettres. L'éloge roule principalement sur sa douceur et son équité par rapport aux affaires de religion. Le même orateur lui donne une louange qui vaut seule un panégyrique : c'est que son élévation n'avait rien changé à sa manière de traiter avec les hommes. Il n'avait ni oublié ni méconnu ceux qui avaient été ses égaux. Il n'affectait point de faire sentir sa supériorité à ceux qui pouvaient lui avoir fait sentir la leur. Ses amis, ses bienfaiteurs ne s'étaient aperçus du changement de sa fortune, que par les effets de sa reconnaissance et de sa libéralité. Il rassemblait à sa cour les hommes les plus vertueux de l'empire : il y rappelait, il attachait à sa personne ceux que la disgrâce ou l'exil avaient éloignés. On voyait, selon l'expression de Themistius, veiller à la sûreté de son règne le sage Nestor, le libre et généreux Diomède, le Chrysanthe de Cyrus, et l'Artabaze de Xerxès. Je soupçonne que Salluste-Second est le Nestor ; Valentinien pourrait être le Diomède. Je ne connais pas assez la cour de Jovien pour deviner les deux autres. Ce n'est pas d'aujourd'hui que les

---

1 Dadastane était à trente-deux lieues d'Ancyre. Sozomène et M. de Tillemont après lui la placent dans la Bithynie : mais ils se trompent. V. *Iter. hierosolymit.*

orateurs à force d'être éloquents et figurés, s'expriment d'une manière quelquefois énigmatique pour leur siècle, et presque toujours inintelligible pour la postérité.

Les qualités de Jovien reconnues par les païens mêmes, son attention à chercher les gens de mérite, et ce talent qui dans un prince peut tenir lieu de tous les autres talents, celui de connaître les hommes, de les apprécier et de les placer, annonçaient aux romains un sage gouvernement. Il avait commis des fautes, et je ne les ai pas dissimulées. Porté tout à coup d'un grade peu éminent à la souveraine puissance à laquelle il n'avait jamais aspiré même en songe, saisi d'une espèce d'éblouissement, entraîné par la fatalité des conjonctures, il avait fait des faux pas dans le terrain du monde le plus difficile et le plus glissant. Mais les fautes d'inexpérience et de surprise tournent souvent au profit de ceux qui les commettent, quand ils ont le sens droit et de bonnes intentions. Jovien était jeune : il pouvait acquérir ce qui lui manquait. Il fallait qu'Ammien n'en eût pas une idée médiocre, puisqu'en lui reprochant quelques vices, cet auteur présume qu'il aurait pu s'en corriger par respect pour son diadème. On doit tout attendre d'un monarque qui se respecte jusqu'à trouver dans l'indépendance même l'écueil ordinaire de la vertu, des motifs pour devenir vertueux. Le choix que faisait Jovien de ses confidents et de ses ministres, donne sujet de croire qu'il était capable de recevoir des avis ; et comme le remarque un des plus grands hommes du siècle passé, les états sont ordinairement mieux gouvernés, sous un prince médiocrement habile, qui sait écouter et suivre les bons conseils, que, pax un souverain d'un génie supérieur, mais attaché à son sens, et qui se croit infaillible[1].

Les deux capitales, les provinces, les armées avaient reconnu Jovien. L'église allait jouir d'une paix profonde : l'état uni au dedans espérait de réparer ses pertes : Jovien semblait pouvoir se promettre un règne, long et glorieux. Constantinople lui préparait une réception magnifique, et dans l'impatience de le posséder lui-même, le conjurait de faire toujours prendre les devants au prince son fils. Rome qui se flattait aussi de voir bientôt l'empereur frappait déjà des médailles pour célébrer son arrivée : sa femme allait à sa rencontre avec la pompe d'une impératrice, lorsque la nuit du 16 au 17 de février il fut trouvé mort dans son lit, après avoir régné seulement sept mois et vingt jours. C'était le troisième empereur que l'on voyait disparaître en moins de trois ans et demi.

On prétend qu'il fut étouffé par la vapeur du charbon que l'on alluma dans sa chambre pour l'échauffer, et pour en sécher les murailles nouvellement enduites de chaux. Le danger que Julien avait couru lorsqu'il était à Paris, aurait dû mettre en garde contre un pareil accident. D'autres attribuaient sa mort à une indigestion, ou bien à une attaque d'apoplexie. On négligea d'en vérifier la cause ; sans doute parce qu'on la jugea naturelle : mais cette négligence même la fit passer dans l'esprit de bien des gens pour l'effet de la méchanceté des hommes. Ammien disant que sa mort semblable à celle de Scipion Émilien, ne fut non plus suivie d'aucunes recherches, insinue qu'il perdit la vie par quelque attentat secret, S. Chrysostome dit expressément que Jovien fut empoisonné par ses domestiques. Les eunuques du palais auraient-ils formé d'eux-mêmes le complot de se défaire d'un maître qui paraissait n'être pas d'humeur à se laisser gouverner : ou furent-ils mis en œuvre par un ambitieux tel que Procope, qui néanmoins ne profita point de ce forfait ? Toujours est-il certain, que les

---

[1] Gropius, dans son *Histoire de la guerre des Pays-bas*, l. VII, sur l'année 1598.

soupçons ne peuvent tomber sur le successeur de Jovien. Ce ne fut qu'après avoir offert l'empire à Salluste, né pour le mériter et le refuser constamment ; ce ne fut même qu'après avoir jeté les yeux sur divers sujets, entre autres sur Januarius parent de Jovien, que l'armée se détermina tout d'un coup en faveur de Valentinien, qui pour lors se trouvait absent. Les chrétiens pleurèrent amèrement Jovien, et crurent que Dieu n'avait fait que le montrer au monde, parce que le monde n'en était pas digne. La preuve que ce n'était pas l'esprit de parti qui faisait couler leurs larmes, c'est le bien que disent de lui les païens. Valentinien et Valens n'empêchèrent pas le sénat de Rome de le mettre au nombre des dieux[1]. Son corps fart porté à Constantinople dans l'église des saints apôtres, où longtemps depuis on voyait son tombeau parmi ceux des autres augustes.

Sa femme lui survécut plusieurs années ; exemple aussi mémorable, mais plus encore du néant de ce qu'on appelle grandeur. Elle avait perdu dans l'espace de quelques mois un beau-père, un père, un mari dont elle n'avait appris l'élévation que pour sentir plus douloureusement sa perte. Ce qui fait la ressource des autres mères, mettait le comble à son malheur. Elle avait un fils, mais un fils déchu des plus hautes espérances, et suspect au gouvernement. L'empire était électif, et le jeune Varronien n'ayant point été élu césar n'avait aucun droit d'y prétendre. D'ailleurs Jovien n'avait pas eu le temps de se faire grand nombre de créatures. Cependant on craignit que Varronien n'aspirât tôt ou tard à la place que son père avait occupée. Il vivait encore en l'année 380. Une barbare politique lui avait déjà fait crever un œil ; et sa mère tremblait toujours pour sa vie de ce malheureux enfant, qui n'avoir d'autre crime que d'être fils d'un empereur. Elfe était sans doute chrétienne, et jamais personne n'eut plus besoin des solides consolations que le christianisme seul peut donner. Il n'est pas sûr que Jovien lui ait conservé le titre d'*auguste*. On n'a trouvé jusqu'à présent aucune médaille de cette princesse, quoique celles de Jovien ne soient pas rares. Elle fut mise après sa mort dans le tombeau de son époux.

---

[1] Je crois que c'est le sens de ces paroles d'Eutrope : *benignitate principum qui ei successerunt inter divos relatus est.*